新公司会计做账与涉税操作实务

杨凤 ◎ 编著

中国铁道出版社有限公司

CHINA RAILWAY PUBLISHING HOUSE CO., LTD.

图书在版编目（CIP）数据

新公司会计做账与涉税操作实务/杨凤编著.—北京：
中国铁道出版社有限公司,2023.6（2025.1重印）
ISBN 978-7-113-30143-9

Ⅰ.①新… Ⅱ.①杨… Ⅲ.①公司-财务管理-会计②公司-
税收管理 Ⅳ.①F276.6

中国国家版本馆 CIP 数据核字（2023）第 059676 号

书　　名：**新公司会计做账与涉税操作实务**
　　　　　XIN GONGSI KUAIJI ZUOZHANG YU SHESHUI CAOZUO SHIWU
作　　者：杨　凤

责任编辑：郭景思　　　编辑部电话：（010）51873022　　　电子邮箱：guojingsi@sina.com
封面设计：宿　萌
责任校对：刘　畅
责任印制：赵星辰

出版发行：中国铁道出版社有限公司（100054,北京市西城区右安门西街 8 号）
印　　刷：天津嘉恒印务有限公司
版　　次：2023 年 6 月第 1 版　2025 年 1 月第 3 次印刷
开　　本：710 mm×1 000 mm　1/16　印张：16.25　字数：265 千
书　　号：ISBN 978-7-113-30143-9
定　　价：69.80 元

前言

新公司成立后，首先需要做的就是建立自己的管理系统，包括财务管理系统，不仅要为即将上岗的财会人员设置好科学的岗位，还要为财会工作做好前期准备，如选择并安装会计电算化工作需要用到的财务软件。

一切准备就绪后，财会人员到岗，公司还需要协助财会人员做好财务系统中账套的建立工作，以便财会人员在日后进行会计核算与账务处理时，能顺利完成工作内容。

要想顺利地开展公司的财税工作，就需要新公司的财会人员按规定认真做账，记录经济业务情况、填制凭证、登记账簿、编制会计报表等。

为了帮助新公司正确处理财税事务，我们编著了本书。通过本书的阅读，不仅可以帮助读者学习会计和税务的重要理论知识，还能让读者轻松且快速地学会实用的会计工作处理方法和技巧，切实提高会计人员的工作能力，同时还能让会计人员深刻认识到税务对公司的重要性。

本书共九章，可大致划分为三部分。

◆ 第一部分为第 1 章，这部分主要从会计基础理论知识出发，为新公司会计人员开展会计工作打好基础。

◆ 第二部分为第 2 ~ 7 章，这部分从会计电算化的建账、记账开始，到各种经济业务和事项的会计处理，再到账簿的登记、对账结账工作、报表的编制和会计档案的管理，详细介绍了会计工作的细致内容及具体的处理方法。

◆ 第三部分为第 8～9 章，这部分主要对企业税务管理进行系统的讲解，内容涉及我国现行的 18 种税，不仅介绍了各税种的征收管理规定，还介绍了各税种应纳税额的计算方法和公式，同时还在最后一章统一介绍了各税种涉及的税筹办法和税收优惠政策。

本书不仅有重要的理论知识作指导，还有实用的操作方法供实践，结合会计电算化内容介绍会计做账的具体操作和流程。书中还大量列举实例来分析学习理论知识，降低枯燥感，让读者能形象、具体地学会本书中的会计和税务知识点。

最后，希望所有读者都能从本书中学到工作所需的会计和税务知识，轻松提高自己的会计工作能力，为日后的晋升道路做好铺垫。

编　者
2023 年 5 月

目录

第1章　开展会计工作前的理论准备

实务答疑

财务和会计是什么关系？

什么是出纳与会计的"钱账分管"？

现金管理的"八不准"是什么？

会计人员需不需要进行财务分析？

第2章 选软件建账套填制凭证

✎ 实务答疑

为什么财务软件可实现多人同时操作？

财务软件使用过程中的注意事项有哪些？

第3章 资金来源及采购活动的账务处理

✎ **实务答疑**

怎么核算计划成本法下的超支差和节约差？

外购生产设备的账务处理与外购厂房一样吗？

增值税进项税额的抵扣还需要认证发票吗？

第4章 生产用料及销售活动的账务处理

✎ 实务答疑

什么是销售折让？

销售折让的账务处理是怎么做的？

约当产量比例法涉及的计算公式有哪些？

第 5 章　经营管理中的其他账务处理

实务答疑

资产减值该怎么处理?

企业哪些业务可能需要开具收据?

报销用的粘贴单怎么正确使用?

一个会计年度内确需更改折旧方法怎么办?

第6章 登记会计账簿并做好对账结账工作

6.1 按时登记各种会计账簿

✎ 实务答疑

什么是总分类账和明细分类账的平行登记?

往来业务的对账工作怎么做?

第7章 会计报表的编制与会计档案管理

实务答疑

什么是市盈率、市净率？

编制现金流量表所用的工作底稿是什么样子？

第8章 完成纳税申报及其他税种的税务

✍️ **实务答疑**

发票领购簿是什么？

是不是所有的税种都能进行网上纳税申报？

超过规定纳税时间缴纳税款的会怎么样？

如何从发票的开具出发规避纳税风险？

第9章 掌握切实有效的方法为公司税务筹划

实务答疑

各种费用在企业所得税前扣除的标准一样吗？

第 1 章

开展会计工作前的理论准备

会计不仅是一种职业，也是一项工作，还是一门实践性很强的学科，所有工作的前提必须是熟练掌握理论知识。如果从业者对会计理论知识不了解，甚至完全不懂，则进入新公司后的会计工作一定是无法展开的。所以，在新公司内部开展会计工作前，从业者必须打好会计理论知识的基础，这样才能保证自己可以顺利完成工作任务。

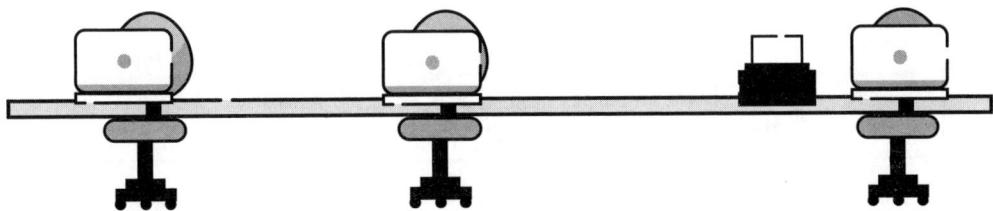

1.1　会计入门必知的基础知识

对于会计初学者或者刚从事会计工作的人来说，必须要学习会计的基础知识，这样才能在进入新公司后更顺利地进入工作状态。

1.1.1　牢记会计要素和会计科目

会计指以货币为主要计量单位，运用专门的方法，核算和监督一个单位经济活动的一种经济管理工作。这里提到的专门的方法在运用时需要借助会计要素和会计科目。那么，什么是会计要素，什么是会计科目呢？

（1）会计要素

会计要素是根据交易或事项的经济特征对财务会计对象进行的基本分类，根据我国《企业会计准则——基本准则》的规定，将会计要素划分为六大类，即资产、负债、所有者权益、收入、费用和利润。前三类是反映公司财务状况的会计要素，后三类是反映公司经营成果的会计要素。这些会计要素分别是什么呢？见表1-1。

表1-1　六类会计要素

会计要素	内　　容
资产	指企业过去的交易或事项形成的、由企业拥有或控制的、预期会给企业带来经济利益的资源
负债	指企业过去的交易或事项形成的、预期会导致经济利益流出企业的现时义务
所有者权益	指企业资产扣除负债后由所有者享有的剩余权益，股份公司称其为"股东权益"
收入	指企业在日常活动中形成的、会导致所有者权益增加的、与所有者投入资本无关的经济利益的总流入。这里的日常活动是企业为了完成其经营目标而从事的经常性活动和与之相关的活动

续表

会计要素	内　　容
费用	指企业在日常活动中发生的、会导致所有者权益减少的、与所有者分配利润无关的经济利益的总流出
利润	指企业在一定会计期间的经营成果，反映收入减去费用加上直接计入当期损益的利得减去损失后的净额

（2）会计科目

会计科目是对会计要素的具体内容进行分类核算的项目，因此会计科目可以按照其反映经济内容的不同划分为六类，具体见表1-2。

表1-2　六类会计科目

科目种类	说　　明
资产类科目	这类科目是对资产要素的具体内容进行分类核算的项目，按资产的流动性大小分为反映流动资产的科目和反映非流动资产的科目
负债类科目	这类科目是对负债要素的具体内容进行分类核算的项目，按负债的偿还期限长短分为反映流动负债的科目和反映非流动负债的科目
所有者权益类科目	这类科目是对所有者权益要素的具体内容进行分类核算的项目，按所有者权益的形成和性质分为反映资本的科目和反映留存收益的科目
共同类科目	这类科目是既有资产性质又有负债性质的科目，一般出现在银行、保险、投资和基金等金融公司的账面上
成本类科目	这类科目是对可归属于产品生产成本或劳务成本等具体内容进行分类核算的项目，按成本的内容和性质不同分为反映制造成本的科目和反映劳务成本的科目等
损益类科目	这类科目是对收入、费用等要素的具体内容进行分类核算的项目，按照收入、费用等的内容和性质划分成不同的收入和费用类型

会计实务中真正要用到的是具体的会计科目，那么上表所示的这六类会计科目分别包含哪些内容呢？

◆ **资产类科目**：库存现金、银行存款、其他货币资金、应收账款、应收票据、预付账款、应收股利、应收利息、其他应收款、原材料、库存商品、长期应收款、固定资产、无形资产和长期股权投资等。

◆ **负债类科目**：短期借款、应付账款、应付票据、预收账款、应付职工薪酬、应付利息、应交税费、其他应付款、长期借款、应付债券和长期应付款等。

◆ **所有者权益类科目**：实收资本、资本公积、盈余公积、本年利润和利润分配等。

◆ **共同类科目**：清算资金往来、货币兑换、衍生工具、套期工具和被套期项目等。

◆ **成本类科目**：生产成本、制造费用、劳务成本和研发支出等。

◆ **损益类科目**：主营业务收入、主营业务成本、其他业务收入、其他业务成本、公允价值变动损益、资产处置损益、资产减值损失、投资收益、营业外支出、营业外收入、销售费用、管理费用、财务费用、营业税金及附加、所得税费用和以前年度损益调整等。

一般的公司很少会用到共同类科目，因此本书内容只针对其他五类会计科目进行细致的学习。

会计科目除了按照其反映经济内容的不同进行种类划分，还可按照会计科目提供信息的详细程度和统驭关系进行分类。这种分类依据下将会计科目分为两大类，一是总分类科目，二是明细分类科目，见表1-3。

表1-3　两类会计科目

科目种类	说　　明
总分类科目	又称总账科目或一级科目，是对会计要素的具体内容进行总括分类并提供总括信息的会计科目
明细分类科目	又称明细科目，是对总分类科目做进一步分类，提供更详细和具体的会计信息的会计科目。总分类之下可分二级明细科目，二级明细科目下可分三级明细科目

市场中的各企业可根据自身发展特点和具体情况，在遵循合法性、相关性和实用性等原则的基础上自行设置会计科目。

1.1.2 掌握会计等式的运用

在会计工作中，除了要使用最基本的会计科目进行账务核算，还会用到两个非常重要的会计等式进行会计计量。

（1）资产＝负债＋所有者权益

这一会计等式是一个恒等式，是用来反映企业某一特定时点资产、负债和所有者权益这三者之间平衡关系的会计等式，因此也是一个静态会计等式，也被称为财务状况等式。这一会计等式的"恒等"特点主要有九个方面，内容如下：

● 一项资产增加，另一项资产等额减少

也就是说，当某一项经济业务引起企业的一项资产增加时，如果负债和所有者权益都没有变化，那么必然存在另一项资产等额减少。这种情况下等式两边的值保持不变。如从公司的银行账户中提取现金，库存现金增加，银行存款等额减少；或者将闲置的现金送存银行，银行存款增加，库存现金等额减少等。

● 一项资产增加，一项负债等额增加

当某一项经济业务引起企业的一项资产增加时，企业的资产总额整体表现为增加，但所有者权益没有变化，则必然存在一项负债等额增加。这种情况下等式两边的值都增加。如公司向银行借款以备经营所需，银行存款增加，短期借款或长期借款等额增加。

● 一项资产增加，一项所有者权益等额增加

当某一项经济业务引起企业的一项资产增加时，企业的资产总额整体

表现为增加，但负债没有变化，则必然存在一项所有者权益等额增加。这种情况下等式两边的值都增加。如公司接受投资者投入的现金资产，银行存款增加，实收资本等额增加。

● 一项资产减少，一项负债等额减少

当一项经济业务引起企业的一项资产减少，而资产总额整体表现为减少，但所有者权益没有变化，则必然有一项负债等额减少。这种情况下等式两边的值都减小。如缴纳税费，银行存款减少，应交税费等额减少。

● 一项资产减少，一项所有者权益等额减少

当一项经济业务引起企业的一项资产减少，而资产总额整体表现为减少，但负债没有变化，则必然有一项所有者权益等额减少。这种情况下等式两边的值都减小。如投资者撤回投资，银行存款减少，实收资本等额减少。

● 一项负债增加，另一项负债等额减少

当一项经济业务引起企业的一项负债增加，但资产和所有者权益都没有变化，则必然有另一项负债等额减少。这种情况下等式两边的值保持不变。如以商业票据偿付前欠货款，应付票据增加，应付账款等额减少。

● 一项负债增加，一项所有者权益等额减少

当一项经济业务引起企业的一项负债增加，但资产总额没有变化，则必然有一项所有者权益等额减少。这种情况下等式两边的值保持不变。如公司宣告分配股利，应付股利增加，利润分配等额减少。

● 一项所有者权益增加，一项负债等额减少

当一项经济业务引起企业的一项所有者权益增加，但资产总额没有变化时，必然有一项负债等额减少。这种情况下等式两边的值保持不变。如公司进行债务重组时进行的"债转股"，股本或资本公积增加，长期借款等额减少。

● 一项所有者权益增加，另一项所有者权益等额减少

当一项经济业务引起企业的一项所有者权益增加，但资产和负债都没有变化，则必然有另一项所有者权益等额减少。这种情况下等式两边的值保持不变。如用盈余公积转增资本，实收资本增加，盈余公积等额减少。

（2）收入－费用＝利润

这一会计等式是反映企业一定时期收入、费用和利润之间恒等关系的等式，因此也是一个动态会计等式，也被称为经营成果等式。

这一会计等式的运用没有财务状况等式复杂，它只表明一个原理，即企业获取的收入扣减发生的费用就等于实现的利润。当然，在实务中费用不仅仅是"费用"，还有成本、损失；相应地，收入也不仅仅是"收入"，还有利得。所以该会计等式还可做如下拓展：

$$收入 + 利得 - （费用 + 损失）＝利润$$

这一会计等式反映了企业利润的实现过程，是编制利润表的依据。

1.2　会计基础和方法

要想在新公司内部顺利地处理会计工作，不仅要掌握基础理论知识，还要弄清楚会计基本假设、会计基础以及做账方法等。

1.2.1　会计基本假设与会计基础

公司财会人员要进行会计确认、计量和报告，必须了解相关前提，即对会计核算所处的时间和空间环境等进行会计基本假设。同时还要了解会计确认、计量和报告的基础。

（1）会计基本假设

会计基本假设主要有四个：会计主体、持续经营、会计分期和货币计量。这些假设是会计确认、计量和报告的前提，因此必须掌握，它们的含义见表1-4。

表1-4　会计基本假设

基本假设	含　义
会计主体	指企业会计确认、计量和报告的空间范围，指会计核算与监督的特定单位或组织
持续经营	指在可预见的未来，企业将会按照当前的规模和状态继续经营下去，不会停业，也不会大规模削减业务。该假设规避了企业破产清算的情况，因为破产清算的会计核算与正常营业的会计核算是不同的
会计分期	指将一个企业持续经营的经济活动划分为一个个连续的、长短相同的期间，以便分期结算账目并编制财务会计报告。该假设规范了会计核算与监督的时间段，统一了会计核算的时间口径
货币计量	指会计主体在会计确认、计量和报告时以货币作为计量尺度，反映会计主体的经济活动，统一了会计核算的计量工具

有了这些假设，企业所做的会计工作才算是有效、合理的。

（2）会计基础

常见的会计基础包括权责发生制和收付实现制，也就是说，会计确认、计量和报告的基础实际上是核算制度。关于权责发生制和收付实现制，含义见表1-5。

表1-5　权责发生制和收付实现制

会计基础	含　义
权责发生制	也称应计制，指收入、费用的确认应以收入和费用的实际发生作为确认标准，合理确认当期损益的一种会计基础。我国《企业会计准则——基本准则》规定，企业应以权责发生制为基础进行会计确认、计量和报告
	也称现金制，指收入、费用的确认以实际收到或支付现金作为确认标准，是与权责发生制相对应的一种会计基础

我国《政府会计准则——基本准则》规定，政府会计由预算会计和财务会计构成，预算会计实行收付实现制。而事业单位一般采用收付实现制进行会计核算。如何区别权责发生制和收付实现制在会计核算中的应用呢？来看下面案例。

实务案例 会计核算中的权责发生制和收付实现制

甲公司发生了如下一些经济业务。

①销售商品一批，不含税价款为 80 000.00 元，税款 10 400.00 元，款项已收讫。②预收一笔货款共 30 000.00 元，商品下月交付。③销售商品一批，不含税价款为 60 000.00 元，税款 7 800.00 元，发票已经开具，按照合同的约定货款尚未收到。

如果采用权责发生制，则当月发生的 80 000.00 元和 60 000.00 元销售收入需要确认，但当月预收的货款不能确认为收入：

应确认的收入 =80 000.00+60 000.00=140 000.00（元）

如果采用收付实现制，当月已经收到的 80 000.00 元和 30 000.00 元需要确认，但当月没有收到的销售货款 60 000.00 不能确认：

应确认的收入 =80 000.00+30 000.00=110 000.00（元）

1.2.2 会计信息的质量要求

会计信息的质量要求是对企业财务会计报告中所提供的会计信息的基本规范，也是使财务会计报告中所提供的会计信息对投资者等使用者做出决策有用所应具备的基本特征，主要体现在以下八个方面：

● 可靠性

可靠性要求企业应以实际发生的交易或事项为依据进行会计确认、计量和报告，如实反映符合确认和计量要求的各项会计要素和其他相关信息，保证会计信息真实可靠、内容完整。

● 相关性

相关性要求企业提供的会计信息应与财务会计报告使用者的经济决策需要相关，有助于使用者对企业过去和现在的情况做出评价，同时对企业未来的情况做出预测。

● 可理解性

可理解性要求企业提供的会计信息应清晰明了，应便于财务会计报告使用者理解和使用。

● 可比性

可比性要求企业提供的会计信息应当相互可比，不仅要保证同一企业不同时期的会计信息之间具有可比性，还要保证不同企业同一会计期间的会计信息之间具有可比性。

● 实质重于形式

实质重于形式要求企业应按照交易或事项的经济实质进行会计确认、计量和报告，不能仅仅以交易或事项的法律形式为依据。比如企业以融资租赁方式租入固定资产，从法律形式上看该项资产租入首期还不属于企业的资产，但实质上以融资租赁方式租入的固定资产已经算是企业的资产，因此租入首期需要确认该项资产为企业的资产，不能因为法律形式不确认。

● 重要性

重要性要求企业提供的会计信息应反映与企业财务状况、经营成果和现金流量等有关的所有重要交易或事项。既不能将所有与这些内容有关的交易或事项进行反映，也不能过多地省略与这些内容有关的交易或事项。

● 谨慎性

谨慎性要求企业对交易或事项进行会计确认、计量和报告时保持应有的谨慎，既不应高估企业的资产或收益，也不应低估企业的负债或费用。

● 及时性

及时性要求企业对已经发生的交易或事项，应及时进行会计确认、计量和报告，不得提前，也不得延后。这样才可保证所提供的会计信息是及时有效的，防止会计信息提前而失真，或者延后而失去使用价值。

1.2.3 借贷记账法与账户结构

借贷记账法是以"借"和"贷"作为记账符号的一种复式记账法，是我国《企业会计准则——基本准则》规定企业应当采用的记账方法，目前在国际上通用。

那么复式记账法指的又是什么方法呢？复式记账法是指对于每一笔经济业务，都必须用相等的金额在两个或两个以上相互联系的账户中进行登记，全面系统地反映会计要素增减变化的一种记账方法。与复式记账法相对的是单式记账法，单式记账法是指对发生的每一项经济业务只在一个账户中加以登记的记账方法。

在借贷记账法下，会计账户的结构一般结合 T 型账户分析。账户左侧为借方，右侧为贷方。所有账户的借方和贷方按照相反方向记录增加数和减少数。不同的账户表示增加数的方向是不同的，这主要取决于各账户的性质与所记录经济内容的性质。

一般来说，资产、成本和费用类账户的借方登记增加数，贷方登记减少数；负债、所有者权益和收入类账户的借方登记减少数，贷方登记增加数。

（1）资产、成本类账户结构

资产、成本类账户的借方登记增加额，贷方登记减少额，期末余额一般在借方，也可能无余额，借助 T 型账户表示资产、成本类账户的结构及其增减变动情况，如图 1-1 所示。

借	资产、成本类账户	贷
期初余额		
增加额	减少额	
……	……	
本期发生额合计	本期发生额合计	
期末余额		

图 1-1　资产、成本类账户结构

从 T 型账户结构可知，资产、成本类账户的期末余额计算公式如下。

期末借方余额 = 期初借方余额 + 本期借方发生额 − 本期贷方发生额

（2）费用类账户

费用类账户也是借方登记增加额，贷方登记减少额，不同的是，该类账户的当期净额需在期末时转入"本年利润"账户中，用以计算当期损益，因此结转后无余额。其结构和增减变动情况如图 1-2 所示。

借	费用类账户	贷
增加额	减少额	
……	……	
	转入本年利润的金额	
本期发生额合计	本期发生额合计	

图 1-2　费用类账户结构

（3）负债、所有者权益类账户

负债和所有者权益类账户均为借方登记减少额，贷方登记增加额，期末余额一般在贷方，有时也可能无余额。这两类账户的结构及其变动情况如图1-3所示。

借	负债、所有者权益类账户	贷
		期初余额
减少额		增加额
……		……
本期发生额合计		本期发生额合计
		期末余额

图1-3 负债、所有者权益类账户结构

从 T 型账户结构可知，负债、所有者权益类账户的期末余额计算公式如下。

期末贷方余额 = 期初贷方余额 + 本期贷方发生额 − 本期借方发生额

（4）收入类账户

收入类账户也是借方登记减少额，贷方登记增加额，不同的是，这类账户的当期净额需在期末时转入"本年利润"账户中，用以计算当期损益，因此结转后无余额。其结构和增减变动情况如图1-4所示。

借	收入类账户	贷
减少额		增加额
……		……
转入本年利润的金额		
本期发生额合计		本期发生额合计

图1-4 收入类账户结构

在这几类账户中，费用类账户和收入类账户统称为损益类账户，即影响企业当期损益的账户。

借贷记账法有明确的记账规则，即"有借必有贷，借贷必相等"。无论是一借一贷的账户对应关系，还是一借多贷、多借一贷或多借多贷的账户对应关系，都必须符合一个会计分录中所有借方金额之和等于所有贷方金额之和。而会计分录就是通过表示账户之间的对应关系和反映相应的经济业务内容而编制形成的一种专门的记录。

1.2.4　了解常见的几种账务处理程序

了解了会计账户的大致类型，接下来认识常见的几种账务处理程序。作为企业的财会人员，必须熟悉账务处理程序。

（1）记账凭证账务处理程序

记账凭证账务处理程序是指对发生的经济业务先根据原始凭证或汇总原始凭证填制记账凭证，再直接根据记账凭证登记总分类账的一种账务处理程序。这一账务处理程序如图1-5所示。

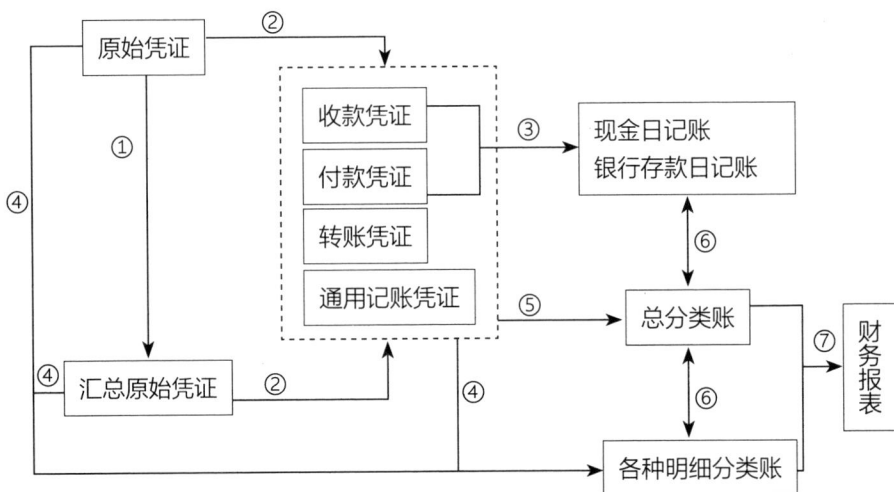

图 1-5　记账凭证账务处理程序

简单来说，第①步根据原始凭证填制汇总原始凭证；第②步根据原始凭证或汇总原始凭证填制收款凭证、付款凭证和转账凭证，或通用记账凭证；第③步根据收款凭证和付款凭证逐笔登记现金日记账和银行存款日记账；第④步根据原始凭证、汇总原始凭证和记账凭证登记各种明细分类账；第⑤步根据记账凭证逐笔登记总分类账；第⑥步是期末将现金日记账、银行存款日记账和明细分类账等的余额与有关总分类账的余额进行核对相符；第⑦步是期末根据总分类账和明细分类账编制财务报表。

这种账务处理程序适用于规模较小、经济业务量较少的企业。

（2）汇总记账凭证账务处理程序

汇总记账凭证账务处理程序是指对发生的经济业务先根据原始凭证或汇总原始凭证填制记账凭证，并定期根据记账凭证分类编制汇总收款凭证、汇总付款凭证和汇总转账凭证，再根据汇总记账凭证登记总分类账的一种账务处理程序。这一账务处理程序如图1-6所示。

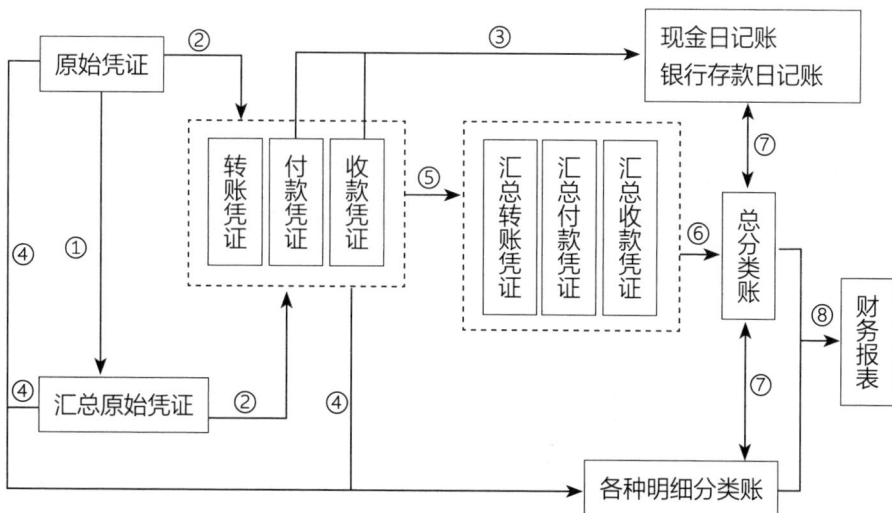

图1-6 汇总记账凭证账务处理程序

该账务处理程序下，第①步根据原始凭证填制汇总原始凭证；第②步根据原始凭证或汇总原始凭证填制收款凭证、付款凭证和转账凭证，或通用记账凭证；第③步根据收款凭证和付款凭证逐笔登记现金日记账和银行存款日记账；第④步根据原始凭证、汇总原始凭证和记账凭证登记各种明细分类账；第⑤步根据各种记账凭证编制对应的汇总记账凭证；第⑥步根据各种汇总记账凭证登记总分类账；第⑦步是期末将现金日记账、银行存款日记账和明细分类账的余额与有关总分类账的余额进行核对相符；第⑧步是期末根据总分类账和明细分类账编制财务报表。

这种账务处理程序适用于规模较大、经济业务较多的企业。

（3）科目汇总表账务处理程序

科目汇总表账务处理程序是指对发生的经济业务根据记账凭证定期编制科目汇总表，再根据科目汇总表登记总分类账的一种账务处理程序。这一账务处理程序如图1-7所示。

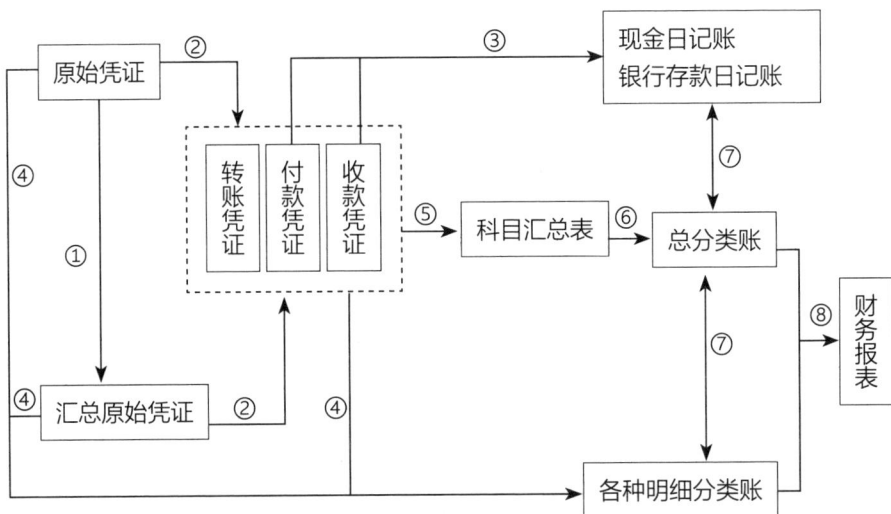

图1-7 科目汇总表账务处理程序

第①步根据原始凭证填制汇总原始凭证；第②步根据原始凭证或汇总原始凭证填制收款凭证、付款凭证和转账凭证，或通用记账凭证；第③步根据收款凭证和付款凭证逐笔登记现金日记账和银行存款日记账；第④步根据原始凭证、汇总原始凭证和记账凭证登记各种明细分类账；第⑤步根据各种记账凭证编制科目汇总表；第⑥步根据科目汇总表登记总分类账；第⑦步是期末将现金日记账、银行存款日记账和明细分类账的余额与有关总分类账的余额进行核对相符；第⑧步是期末根据总分类账和明细分类账编制财务报表。

这种账务处理程序适用于经济业务较多的企业。

从三种账务处理程序中总分类账的登记依据来看，账务处理程序的命名由登记依据决定，如记账凭证账务处理程序中的总分类账的登记依据为记账凭证，汇总记账凭证账务处理程序中的总分类账的登记依据为汇总记账凭证，科目汇总表账务处理程序中的总分类账的登记依据为科目汇总表。

记账凭证账务处理程序中可直接根据记账凭证对总分类账进行逐笔登记，处理起来简单明了且易于理解，但相应地登记总分类账的工作量就特别大，因此适用于规模较小、经济业务较少的企业。

汇总记账凭证账务处理程序中先通过记账凭证编制汇总记账凭证，再根据汇总记账凭证登记总分类账，可以减轻总分类账的登记工作，但该程序存在缺陷，即当转账凭证较多时，编制汇总转账凭证的工作量会很大，也不利于会计核算的日常分工。

科目汇总表账务处理程序中先将所有记账凭证汇总编制成科目汇总表，然后根据科目汇总表登记总分类账，有效减轻了总分类账的登记工作，还能顺便做到试算平衡，但编制而成的科目汇总表不能反映各个账户之间的对应关系，因此不利于企业对账目进行检查。

实务中，企业需根据自身发展需要选择合理的账务处理程序。

1.3　分清常见会计岗位的工作内容

新公司成立必然需要设置会计岗位，除了许多小企业只设置出纳和会计两个会计岗位外，其他大中型企业都会对会计岗位进行细分，从而合理安排各种会计工作。常见的一些会计岗位及其工作内容见表1-6。

表1-6　常见会计岗位及其工作内容

会计岗位	工作内容
出纳	①对稽核人员审核过的收付款凭证进行复核 ②登记并核对现金日记账、银行存款日记账和相应的总账 ③保管库存现金 ④编制和分析与现金有关的报表 ⑤处理企业与银行有联系的日常业务 ⑥编制现金预算并对企业现金流进行监控等
核算会计	①协助财务部门设置会计科目 ②计算财务成果和各种税费金额 ③核算利润分配情况 ④登记债权、债务明细账，及时查清账目，按月做好财务状况分析 ⑤按期装订会计凭证并妥善保管等
成本会计	①协助财务部门拟定公司成本核算实施细则 ②为公司重大项目和产品进行成本核算，编制项目成本计划，提供相关的成本资料 ③协助有关领导在推行全面成本核算管理和内部管理制度时制订总体方案和实施办法，确定各类成本定额和标准，并协助各部门和下属企业进行推广培训 ④监督检查各部门执行成本计划的情况，并及时上报问题 ⑤学习并掌握先进的成本管理和核算方法及计算机操作，适时提出降低成本的控制措施和建议 ⑥整理与成本相关的资料并归档，建立数据库，负责数据的查询和更新工作等
固定资产会计	①进行资产采购、变动以及账目管理 ②对资产使用情况进行监控 ③对固定资产进行折旧管理 ④负责财产保险管理等

续表

会计岗位	工作内容
税务会计	①办理公司的缴税、查对以及复核等事务 ②办理免税、退税申请和冲账等事项 ③办理税务登记和税务变更等事宜 ④编制与税务有关的报表和相关分析报告 ⑤及时学习并掌握最新的财税政策及内容等
材料会计	①协助财务部制订部门员工工作计划 ②汇总各部门的预算数据，分析各部门的材料使用情况 ③进行公司材料收支的日常会计核算 ④将材料账与供应部门、库管部门和各使用部门的账目进行核对 ⑤对材料进行监管和盘存，协助回收货款单据和入账工作等 注意，这一会计岗位一般只在生产性企业中涉及，商品流通和金融类企业一般不设置该类会计岗位
工资核算会计	①核算全公司员工的薪资 ②负责全公司员工的个人所得税申报事宜 ③保管薪酬档案，制作薪酬报表，配合出纳人员向员工发放工资等
往来结算会计	①核算银行往来业务 ②核算国内外销售业务的应收账款的确认与收取 ③协助出纳登记现金日记账和有关明细账 ④核对销售部的销售情况，同时核实汇款，及时调账、催单 ⑤配合有关部门制定应收、应付和预收、预付款项的核算与管理办法等
稽核会计	①审核会计凭证、账簿和会计报表 ②监控企业的核算流程，并及时提出改进意见 ③组织实施内部审计工作等
总账报表会计	①整体领导公司的会计核算工作 ②编制和分析公司月度、年度财务报表 ③协助财务部经理组织财务分析和风险控制工作，为公司领导决策提供支持 ④定期检查分析公司的预算执行情况，促进增产节约、增收节支，每年至少提供一份资金活动情况分析和改进报告等 在一些企业的会计岗位设置中，将该会计岗位称为"总账会计"，是对企业会计工作起到整体把控作用的岗位

在会计工作中，会计岗位的设置一定要严格遵循"不相容岗位分离"原则，以尽可能地规避财务舞弊行为的产生。

"不相容岗位"指设置的岗位不能交叉、不能重叠、不能由同一人担任。遵循"不相容岗位分离"原则可以明确职责权限，同时形成相互制衡机制，防止财会人员同流合污、协同作弊。那么，众多会计岗位中有哪些岗位是一定要相互分离的呢？

- ◆ **钱账分离**：财会部门的出纳要与会计岗位分离，不能兼任。
- ◆ **执行经济业务和记录经济业务的职务要分离**：如销货员不能同时兼任会计记账工作。
- ◆ **执行经济业务和审核经济业务的职务要分离**：如填写销货发票的人员不能兼任发票的审核人员、出纳不能兼任稽核。
- ◆ **授权进行某项经济业务和执行经济业务的职务要分离**：如有权决定或审批材料采购的人员不能同时兼任采购员。
- ◆ **保管某些财产物资和登记财产物资明细的职务要分离**：如财会部门的出纳人员不能负责收入、费用和债权债务账目的登记工作。
- ◆ **总账和明细账的登记要分离**：记录明细账或登记日记账的职务要与记录或登记总账的职务分离。
- ◆ **货币资金的收付与印章管理要分离**：不能由同一个人负责货币资金的收付与货币资金收支专用印章的管理。

了解各会计岗位的工作内容是明确各自工作职责的前提，更是提高工作效率的先决条件，财会人员一定要熟知。

实务答疑

问：财务和会计是什么关系？

答：财务一般指财产和债务，即资产和负债。而会计是指以记账、算账和报账等程序反映企业财务状况和经营成果的过程。财务是资金运动,会计就是对资金运动这一行为进行核算。由此可见,财务和会计是密不可分的关系。即便如此,两者之间也存在明显的区别,具体见表1-7。

表1-7　财务与会计的区别

不同点	财 务	会 计
概念本质	财务是关于资产购置、投资、融资和管理的决策体系	会计是对交易或事项进行确认、计量、记录和报告等的一种经济管理活动
职能作用	基本职能是预测、决策、计划和控制,侧重对资金的组织、运用和管理	基本职能是核算与监督,侧重对资金的反映与监督
依据	财务管理依据是国家政策法律允许范围内的管理当局的意图	会计核算依据是国家的统一会计制度
面向的时间范围	注重未来,基于一定的假设和基础,对未来进行预测和决策,考虑的是经济业务或事项应不应该发生和应该发生多少等	面向过去,必须以过去的交易或事项为依据,对过去的交易或事项进行确认和记录
目的和结论	目的是使企业财富或价值最大化,没有极值,只有恰当的、合理的结果,且结果不唯一	目的是得出一本"真账",结论具有合法性、公允性和唯一性
影响其结果的因素	财务管理目标实现的程度主要受到企业投资报酬率、风险以及投资项目、资本结构和股利分配政策等的影响	会计结论主要受到会计政策和会计估计的影响

问:什么是出纳与会计的"钱账分管"?

答:在企业设置的会计岗位中,出纳一般负责管钱,切切实实的货币和一些有价证券等;而会计则负责记账,不会接触货币和有价证券等。"钱账分管"就是指管钱的不管账、管账的不管钱,也就是出纳只管钱而不记账,会计只管记账但不管钱。这样出纳和会计之间才能起到相互监督、相互制约的作用,防止财务舞弊。

问:现金管理的"八不准"是什么?

答:①不准用不符合财务制度的凭证顶替库存现金;②不准谎报用途套取现金;③不准单位间相互借用现金,扰乱市场经济秩序;④不准利用银行账户代其他单位和个人存入或支取现金，逃避国家金融监管；⑤不准将单位收入的现金以个人名义储蓄；⑥不准保留账外公款；⑦不准发行变相货币，不准以任何内部票据代替人民币在社会上流通；⑧未经许可，不得坐支。

问：会计人员需不需要进行财务分析？

答： 财务分析指以会计核算和报表资料及其他相关资料为依据，采用一系列专门的分析技术和方法，对企业等经济组织过去和现在有关筹资活动、投资活动、经营活动和分配活动的盈利能力、营运能力、偿债能力以及发展能力等进行分析与评价的经济管理活动。也就是说，财务分析是对企业经营管理工作所做的概括总结，同时将结论反馈给企业领导者，进而做出下一阶段的经营决策。一般来说，财会人员要想晋升，必要的财务分析方法是需要掌握的，这样可以在领导面前展露自己的才能，让领导看到自己的价值，为晋升铺路。

第 2 章

选软件建账套填制凭证

　　如今，会计工作不再是依靠单纯的手工完成，更多的是实行会计电算化。通俗点说，就是利用专门的财务软件处理财务数据，完成财会工作，不再需要财会人员手工做账。因此，新公司要保证财会工作顺利进行，财务软件的选用很关键，而选好财务软件后，还需要利用软件建立账套，这样财会人员才能用软件开始做账。

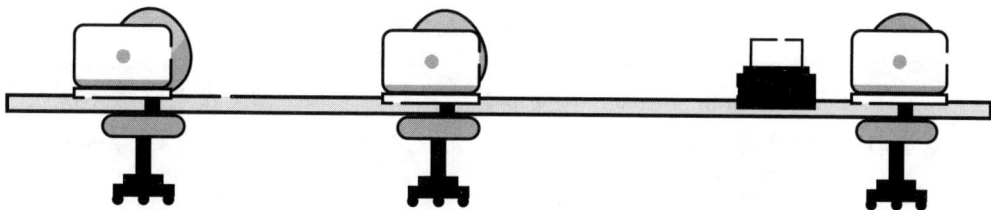

2.1 新建账套并设置必要参数

目前企业用得最多的财务软件主要有两种：一是用友，二是金蝶。两者各有优势，新公司可根据后期自身业务需要从中进行选择。选好财务软件后，要先建立账套，方便财会人员日后做账，而建立账套时，必要的参数要设置规范。本章以金蝶教学版为例，介绍公司会计的建账以及财务软件的其他一些操作。

2.1.1 完成账套的基础设置

由公司专人购买专业的财务软件，并由专人进行安装。安装完成后，财会人员即可通过软件建立账套，以便日后做账。一般来说，可以对账套进行基础设置的是管理员，因此，财会人员需要通过有软件管理员身份的电脑建账和设置必要参数。

实务案例 在金蝶软件中完成基础设置

在"开始"菜单中找到金蝶软件的相关程序，选择"加密服务器"选项，启动财务软件附带的"加密服务器"程序，如图 2-1（左）所示，这样才能顺利进入建账流程。返回电脑桌面双击财务软件的快捷方式图标，如图 2-1（右）所示。

图 2-1　启动加密服务器并开始建账

在打开的对话框中单击"新建账套"按钮，如图 2-2（左）所示。接着会打开"账套管理登录"对话框，输入用户名和密码，单击"确定"按钮，如图 2-2（右）所示。

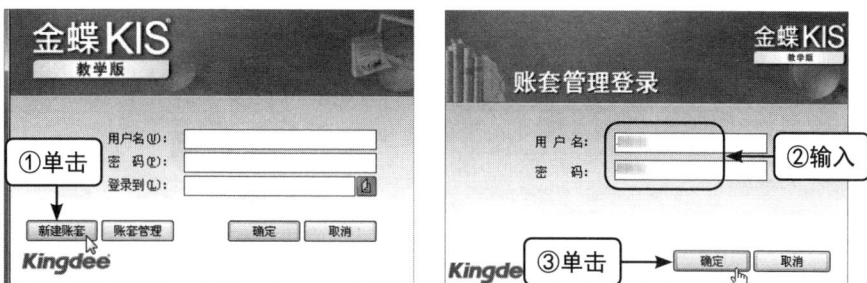

图 2-2 单击"新建账套"按钮

打开"新建账套"对话框，设置账套号、账套名称和单位性质，单击"数据库路径"文本框右侧的按钮，如图 2-3（左）所示。在打开的"选择数据库文件路径"对话框中选择账套保存的路径，单击"确定"按钮，如图 2-3（右）所示。

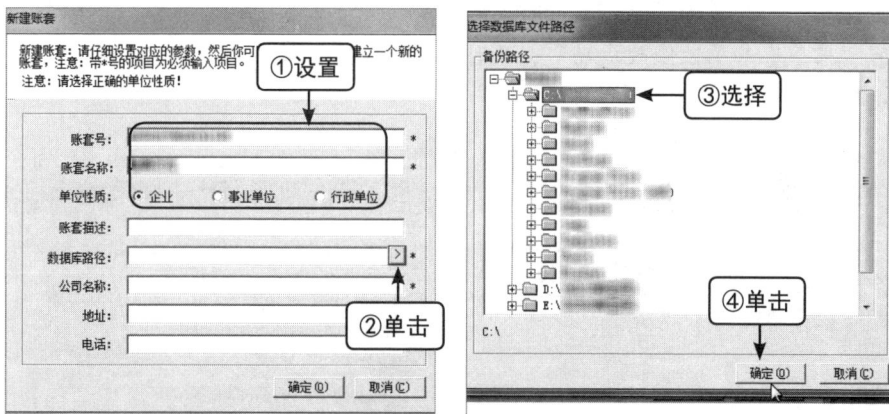

图 2-3 设置账套号并选择账套保存路径

返回"新建账套"对话框，输入公司名称，单击"确定"按钮，如图 2-4（左）所示。此时系统会开始自动建立账套，账套建立完成后系统会提示用户"新建账套成功"，单击"确定"按钮，完成账套的建立，如图 2-4（右）所示。

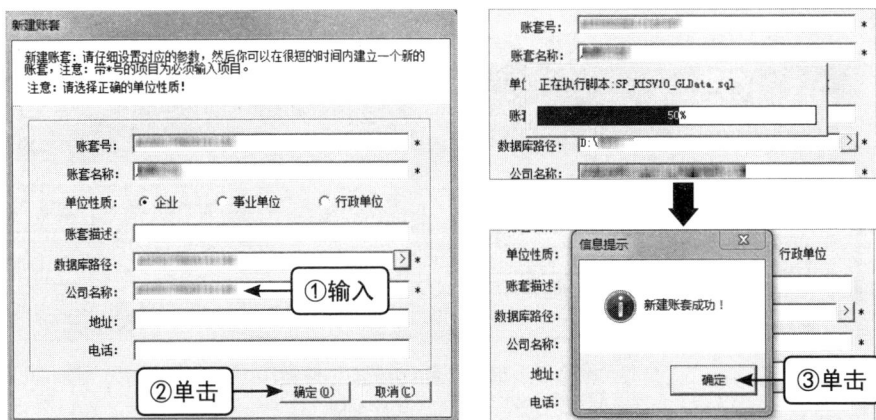

图 2-4　完成账套的建立

接着系统会自动打开"账套管理"对话框,选择新建的账套,单击"属性"按钮,如图 2-5(左)所示。在打开的"账套属性"对话框中再次确认账套信息,确保无误后单击"确定"按钮,如图 2-5(右)所示。系统会提醒"账套基本属性修改成功",此时单击"确定"按钮后就会直接打开"系统登录"对话框。

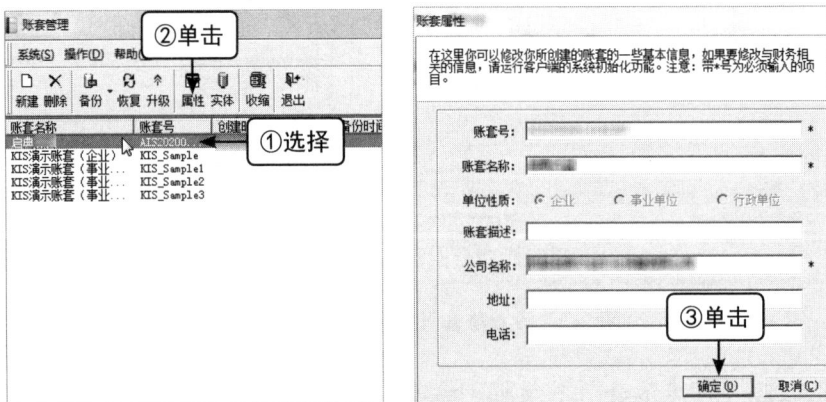

图 2-5　确认账套的属性

返回电脑桌面,双击快捷方式图标,打开软件登录对话框,选择新建的账套,系统会自动识别用户名和密码,单击"确定"按钮,如图 2-6(左)所示。进入财务软件主界面,单击界面左侧的"基础设置"选项卡,在界面右侧单击"系统参数"按钮，如图 2-6（右）所示。

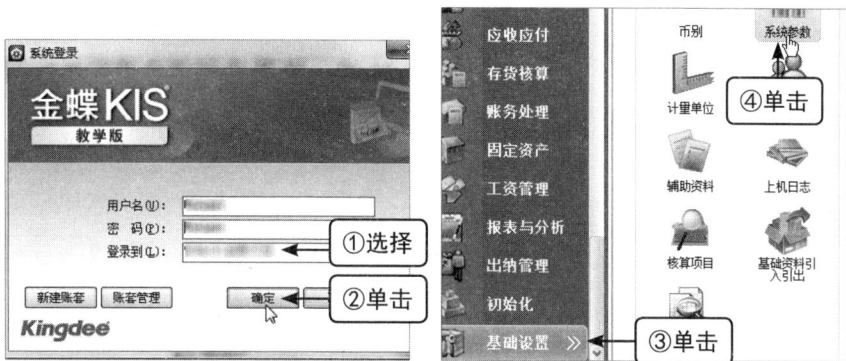

图 2-6　登录新建的账套开始基础设置

　　打开"系统参数"对话框，填写企业的税号、银行账号、地址、电话和记账本位币等基本经营信息，确认无误后单击"确定"按钮，如图 2-7（左）所示。然后依次单击对话框上方的选项卡，将与企业经营相关的信息填写完整，最后单击"确定"按钮或"保存修改"按钮，保存基础设置，如图 2-7（右）所示。

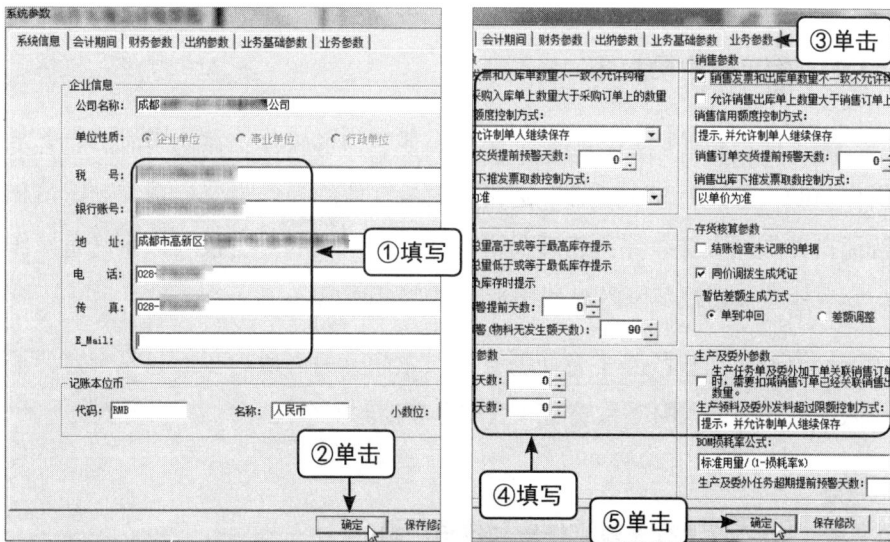

图 2-7　设置财务系统的各种参数

接着系统会打开提示对话框，操作人员需确认出纳初始参数和业务初始参数的设置，依次单击"是"按钮确认启用参数，单击"确定"按钮即可重新登录财务系统，如图 2-8 所示。

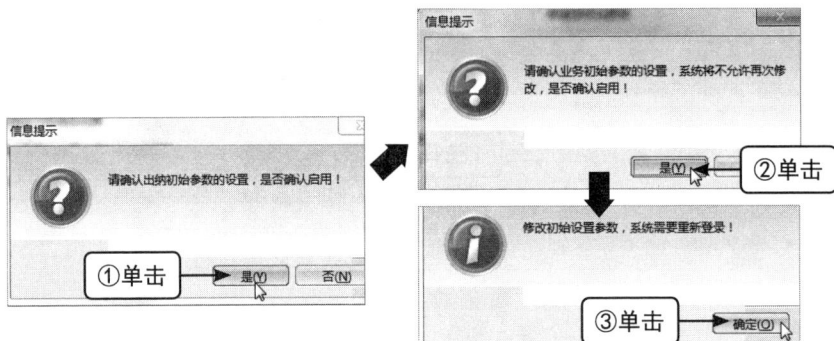

图 2-8　确认启用系统参数并重新登录财务系统

实际上，这里已经开始进行账套的初始化了。账套的初始化是一个漫长的过程，主要是企业账务和出纳业务的背景设置和启用账套会计期间的期初数据。

2.1.2　设置操作员权限

为了保证企业内部各财会人员顺利使用财务软件，在使用前需对各类操作员的权限进行相关设置。通常，财务软件的操作员分为系统管理员和普通操作员两大类，系统管理员可享有系统管理的所有权限，而普通操作员则只能在被授权范围内对系统实施操作和管理。

设置操作员权限除了方便财会人员做账，另一目的在于避免与会计工作无关的人员进入财务系统而降低财务数据的安全性。

实务案例 在金蝶软件中新建用户组

进入财务软件主界面，单击"基础设置"选项卡，在右侧"公共资料"

版块中单击"用户管理"按钮，如图2-9（左）所示。打开"用户管理"界面，单击"新建用户组"按钮，在打开的"用户组属性"对话框中输入用户组名，单击"确定"按钮，如图2-9（右）所示。

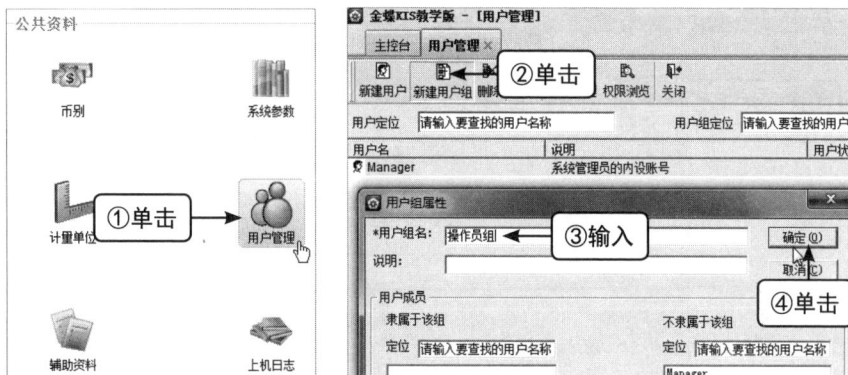

图2-9 给新建用户组取名

 . 单击界面左上角的"新建用户"按钮，如图2-10（左）所示。打开"新增用户"对话框，输入用户姓名，然后设置登录密码并确认，单击"确定"按钮，如图2-10（右）所示。

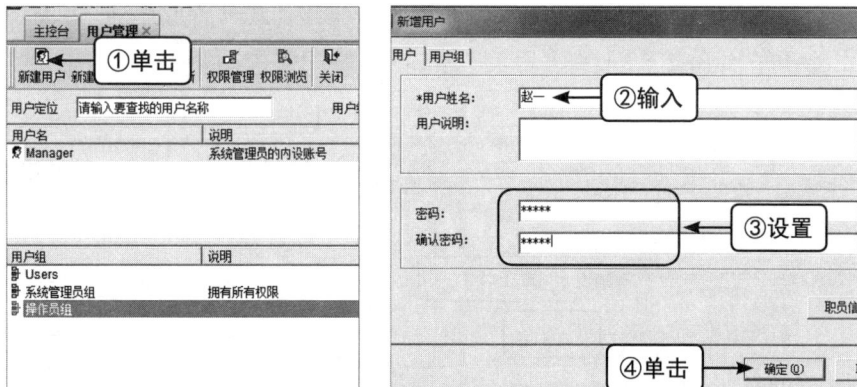

图2-10 新增操作员

按照相同操作再新增其他操作员。新增完毕后选择"用户管理"界面左下角的用户组选项并双击，打开"用户组属性"对话框，在右侧列表框中选择新增的操作员，单击"添加"按钮，重复相同操作添加其他操作员到所选的用户组中，单击"确定"按钮完成添加操作，如图 2-11 所示。

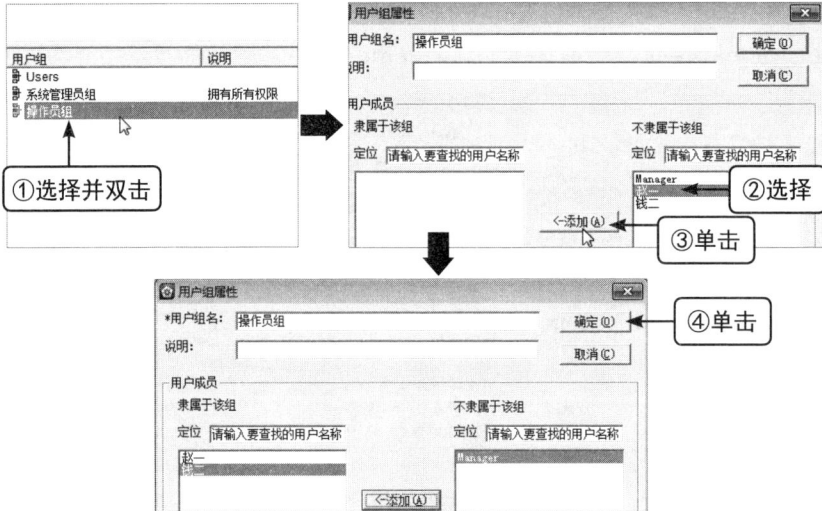

图 2-11　完成操作员的添加

另外，还可选择具体的操作员选项并右击，在弹出的下拉菜单中选择"属性"选项，如图 2-12（左）所示。打开"用户属性"对话框，单击"用户组"选项卡，在"隶属于"栏的定位文本框中设置操作员隶属的用户组，单击"确定"按钮，如图 2-12（右）所示。

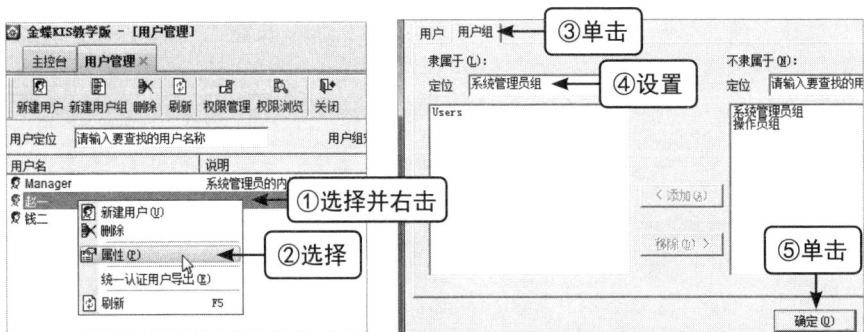

图 2-12　设置操作员隶属的用户组

在新建用户组并添加操作员后，还要对操作员进行权限分配，指定其对账套数据的处理权限和操作范围。在金蝶软件中，操作员的操作权限适用范围主要有三种：一是所有用户，二是本组用户，三是当前用户。

选择所有用户的，表示操作员能够处理企业所有操作员录入财务软件的凭证及业务资料；选择本组用户的，表示操作员能处理其隶属的用户组中的其他操作员录入的凭证和业务资料；选择当前用户的，表示操作员只能处理自己录入的凭证和业务资料。那么在金蝶软件中，如何对具体的操作员设置其权限呢？

实务案例 给财务软件的操作员设置权限

假设某操作员是公司的出纳，具有查询和打印日报表的权限，以及现金管理、日记账查询、银行存款、支票管理、出纳报表和期末轧账等操作权限，现金、银行存款、其他货币资金 / 银行本票 / 银行汇票 / 信用卡和应收票据等科目权限，其权限范围是所有用户。

进入财务软件的"用户管理"界面，选择需要设置权限的操作员选项，单击"权限管理"按钮，如图 2-13（左）所示。打开"用户管理 – 权限管理（钱二）"对话框，选中钱二需要具备的权限的复选框，然后依次单击"授权"按钮和"关闭"按钮，如图 2-13（右）所示。

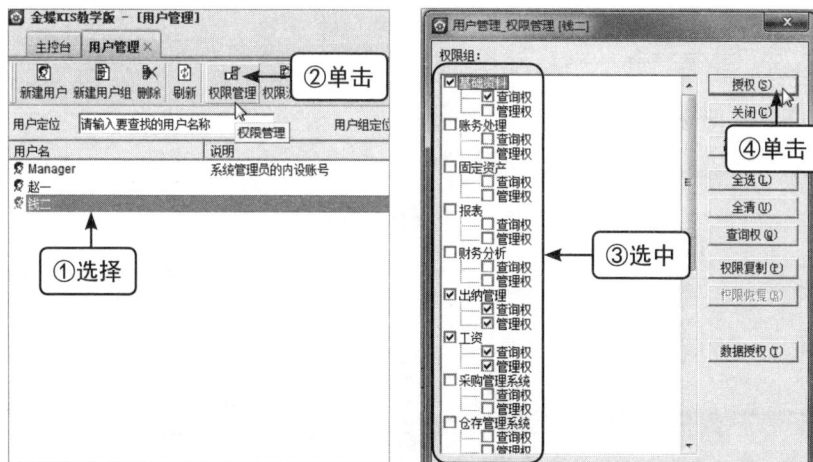

图 2-13 为操作员设置权限

📎 **知识贴士** 更改操作员登录密码与操作员的切换

在"系统登录"对话框的"用户名"文本框中输入操作员姓名，在"密码"文本框中输入登录密码（添加操作员时设置的密码），单击"确定"按钮，如图 2-14（左）所示。进入主界面，通过"基础设置"进入"用户管理"界面，选择需要更改登录密码的操作员选项并双击，打开"用户属性"对话框，在密码文本框和确认密码文本框中重新输入新密码，单击"确定"按钮，该操作员的登录密码即修改完毕，如图 2-14（右）所示。

在实际工作中，可能会发生多个操作员共用一台电脑的情况，这时可以在不退出金蝶系统的情况下切换操作员，从而继续使用该电脑。在某一位操作员登录金蝶系统的情况下，在主界面的右下角单击用户名按钮，如图 2-15（左）所示。系统将打开"系统登录"界面，此时输入其他需要使用系统的操作员名字和登录密码，单击"确定"按钮，系统就会自动跳转到主界面，且界面右下角会显示新登录软件系统的操作员名字，如图 2-15（右）所示。

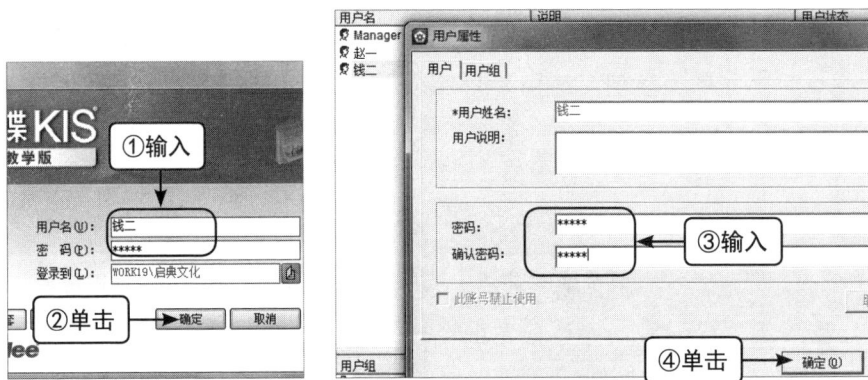

图 2-14 更改操作员的登录密码

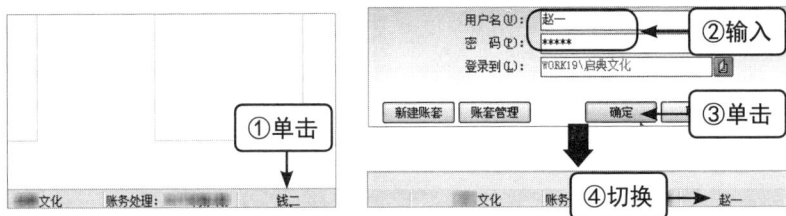

图 2-15 快速切换操作员

2.1.3 备份账套完成核算框架的建立

为了防止企业财务软件系统中的数据受损或丢失而导致工作无法顺利进行，财会人员可对账套进行备份，即将财务软件系统记录的会计核算内容以文件的形式进行另存。

一般来说，财务软件需要在登录状态下才能备份账套，下面就以金蝶软件为例，介绍账套备份的操作。

实务案例 在金蝶软件中完成账套备份

在电脑桌面的"开始"菜单中找到并选择"账套管理"菜单项，如图2-16（左）所示。打开"账套管理登录"对话框，输入用户名和密码，单击"确定"按钮，登录财务软件并打开"账套管理"对话框，选择企业当下正在使用的账套，单击对话框左上角的"备份"按钮，如图2-16（右）所示。

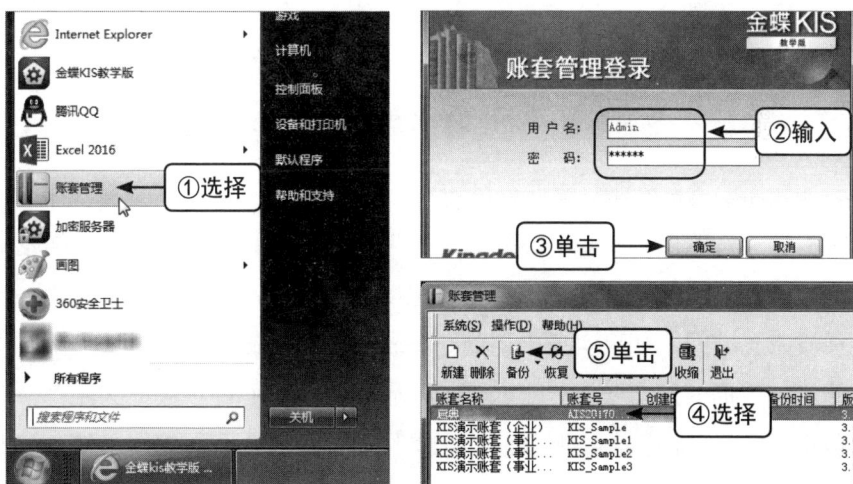

图2-16 登录并单击"备份"按钮

打开"账套备份"对话框，在"备份到"栏中单击"备份路径"文本框右侧按钮，打开"选择数据库文件路径"对话框，选择备份账套的存储位置，单击"确定"按钮，如图 2-17（左）所示。返回"账套备份"对话框，查看选择的备份路径，确认无误后单击"确定"按钮，系统打开"信息提示"对话框，提示账套备份成功，单击"确定"按钮关闭对话框，完成新建账套的备份工作，如图 2-17（右）所示。

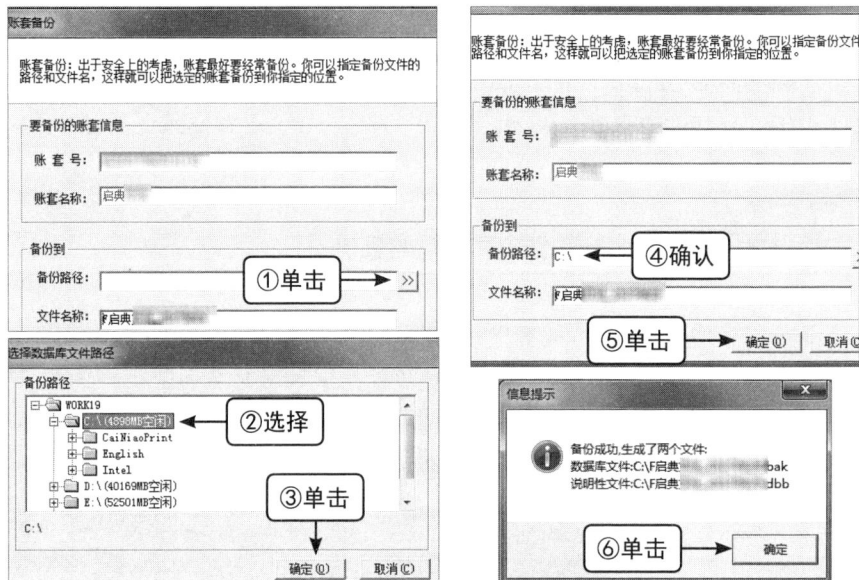

图 2-17　选择备份位置完成账套备份

如果需要备份的账套文件容量较大，则可通过减少容量来备份并保存，此时需要进行的操作就是"压缩"。如果账套在运行过程中占用空间越来越大，影响了软件系统的稳定和运行速度，还可通过"整理账套碎片"功能释放账套空间。如果实务中遇到财务软件系统被破坏，可通过"恢复"功能恢复数据，只需要在"账套管理"界面选择需要恢复数据的账套，然后单击"恢复"按钮，按照系统提示操作即可恢复账套数据，当然，前提是要对账套进行过备份。

在录入账套初始数据之前，还需要进行的设置是建立核算框架。而账套也可以在核算框架建立后再进行备份。建立核算框架就是要设置核算项目、货币类别、会计科目以及账套选项，具体操作看下面的例子。

实务案例 通过金蝶建立核算框架

　　在"基础设置"界面单击"核算项目"按钮,如图2-18(左)所示。在"全部核算项目"界面左侧的核算项目列表框中选择其中一种,这里选择"客户"选项,单击界面上方的"修改"按钮,如图2-18(右)所示。

图2-18　选择核算项目

　　打开"核算项目类别－修改"对话框,即可修改所选核算项目类别的名称(系统预设的核算项目无法修改或删减)。

　　若企业需要增加核算项目,则可在"全部核算项目"界面单击"新增类别"按钮,如图2-19(左)所示。在打开的"核算项目类别－新增"对话框中输入新增项目的代码和名称,单击"新增"按钮,如图2-19(右)所示。

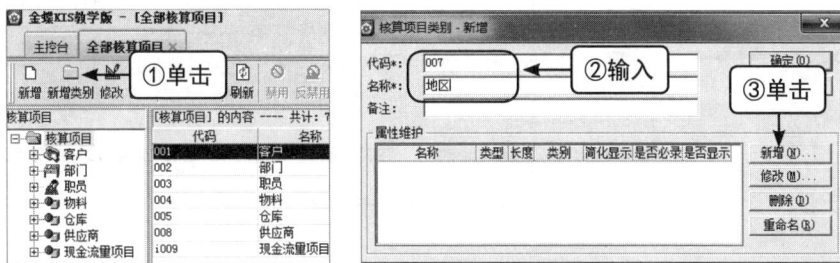

图2-19　新增核算项目

　　打开"自定义属性－新增"对话框,设置核算项目的名称、相关属性和缺省值,单击"新增"按钮,如图2-20(左)所示。返回"核算项目类别－新增"对话框,单击"确定"按钮,如图2-20(右)所示。

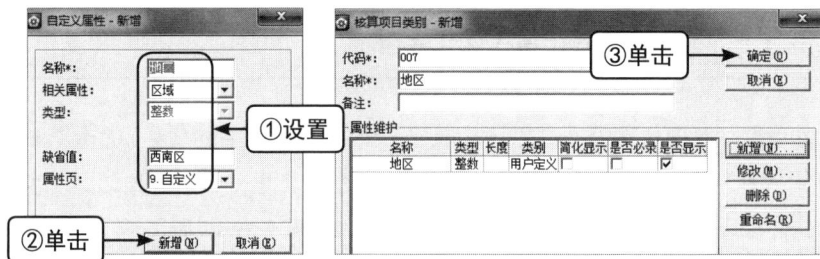

图 2-20　设置核算项目的属性

设置好核算项目后，财会人员可根据企业自身情况，对每一种类别进行具体项目的设置，如添加企业的客户、供应商和材料物资等，这一步骤将为后面的初始数据录入工作打好基础。

接下来设置货币类别。在"基础设置"界面中单击"币别"按钮，打开"币别"界面，单击"新增"按钮，如图 2-21（左）所示。打开"币别 – 新增"对话框，输入币别代码、币别名称和记账汇率，设置金额小数位数，单击"确定"按钮即可成功添加币别，如图 2-21（右）所示。

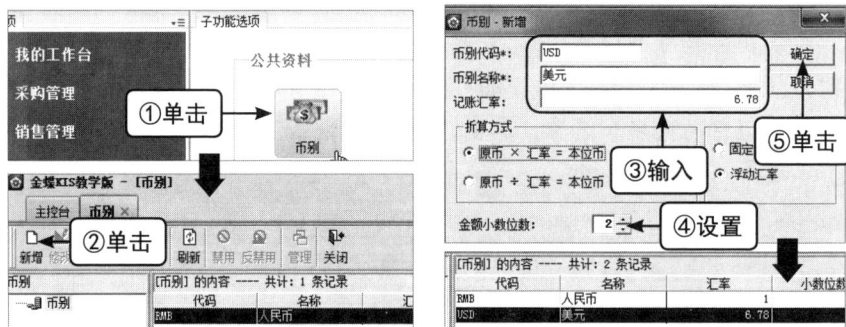

图 2-21　设置货币类别

在新建账套预设的一些会计科目的基础上，财会人员可根据公司的业务需要进行会计科目的增加、删减和修改。

在"基础设置"界面单击"会计科目"按钮，在打开的"会计科目"界面单击"新增"按钮，如图 2-22（左）所示。打开"会计科目 – 新增"对话框，设置科目代码、科目名称、科目类别以及其他一些内容，然后单击"保存"按钮，如图 2-22（右）所示。

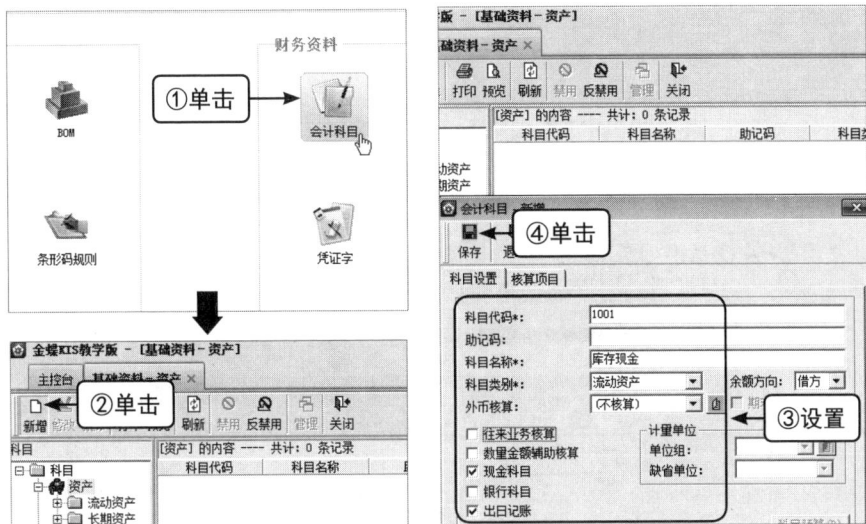

图 2-22　设置会计科目

　　按照相同的操作依次添加其他会计科目，直至将企业经营所需的会计科目添加齐全。如果要删减无用的会计科目，则在"会计科目"界面选择需要删减的无用科目，然后单击"删除"按钮，按提示操作即可成功删除所选会计科目。如果发现会计科目名称不正确而需要修改，则可在"会计科目"界面选择需要修改的会计科目，单击"修改"按钮，按提示操作也可完成修改。

　　最后就可设置账套选项，以此给财务系统配置相应的控制功能。如"账套参数""特别科目""凭证""账簿""税务""银行"和"合并报表"。

　　以设置"凭证"选项为例，在"基础设置"界面单击"凭证字"按钮，在打开的"凭证字"界面单击"新增"按钮。打开"凭证字－新增"对话框，在"凭证字"文本框中输入"收"字，单击"借方必有"文本框右侧的按钮。在打开的"会计科目"对话框中选择收款凭证借方必有的科目，这里选择"库存现金"，然后单击"确定"，如图2-23所示。如果还要添加科目，再进行相同操作。

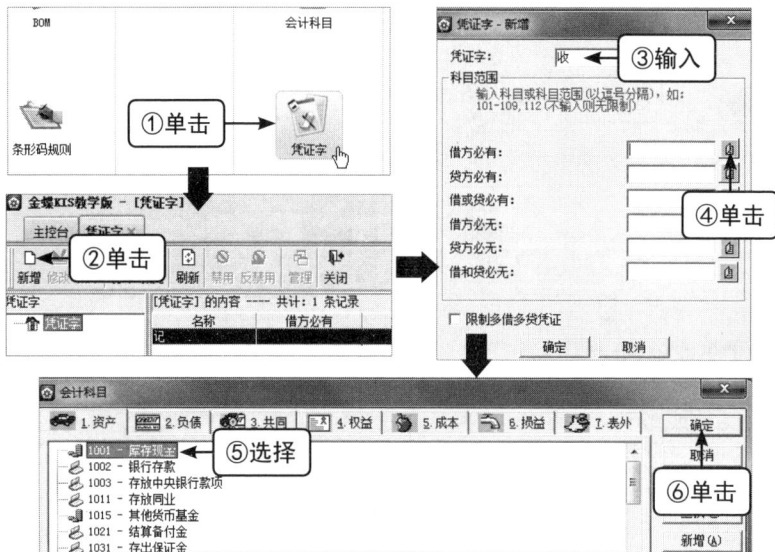

图 2-23 设置"凭证"账套选项

添加完成后返回"凭证 – 新增"对话框，单击"确定"按钮，然后根据相同的操作增加付款凭证和转账凭证。按照类似的操作为企业设置其他账套选项。

完成核算项目、货币类别、会计科目和账套选项等设置后，企业的核算框架就基本建立好了。

2.2　录入账套初始数据启用账套

新公司在开展经营管理工作时，为了方便财会人员日后利用财务软件做账，必须对软件系统的有关内容进行初始数据的录入，如财务资料、业务数据和出纳数据。这些初始数据录入完成后，才算是结束了财务软件系统的初始化操作，紧接着就可启用账套，开始做账。

2.2.1 录入财务资料初始数据

在金蝶软件中，财务资料的初始数据一般包括科目初始数据、固定资产初始数据和现金流量初始数据。具体操作来看下面的案例。

实务案例 为金蝶软件系统录入初始财务数据

在主界面左侧单击"初始化"选项卡，在"初始化"界面单击"科目初始数据"按钮，如图 2-24（左）所示。系统将自动引用之前添加的所有会计科目，关闭"科目初始数据"选项卡，如图 2-24（右）所示。

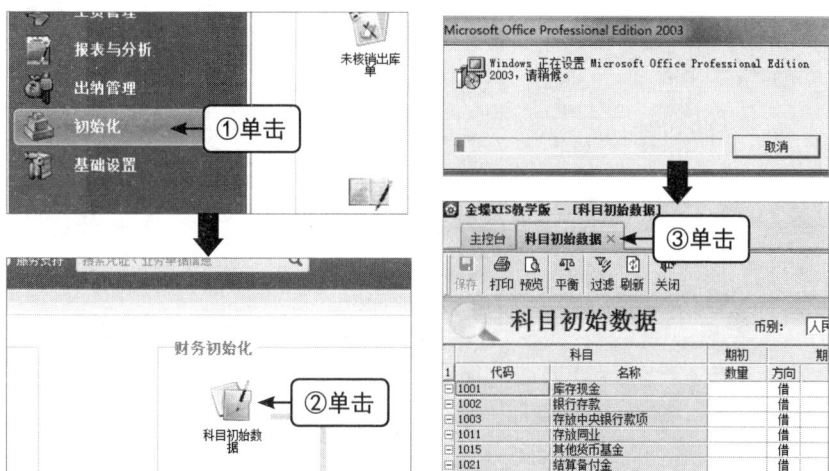

图 2-24　自动录入科目初始数据

在"初始化"界面单击"固定资产初始数据"按钮，打开"固定资产管理"界面和"固定资产卡片及变动 - 新增"对话框，在"基本信息"选项卡下单击"资产类别"文本框右侧的按钮，打开"固定资产类别"对话框，单击"新增"按钮，打开"固定资产类别 - 新增"对话框，输入新增固定资产类别的代码、名称和净残值率。然后根据企业实际情况，设置该固定资产类别的预计折旧方法、固定资产科目和减值准备科目等，单击"新增"按钮即可成功添加固定资产类别，返回"固定资产类别"对话框可继续添加，如图 2-25 所示。

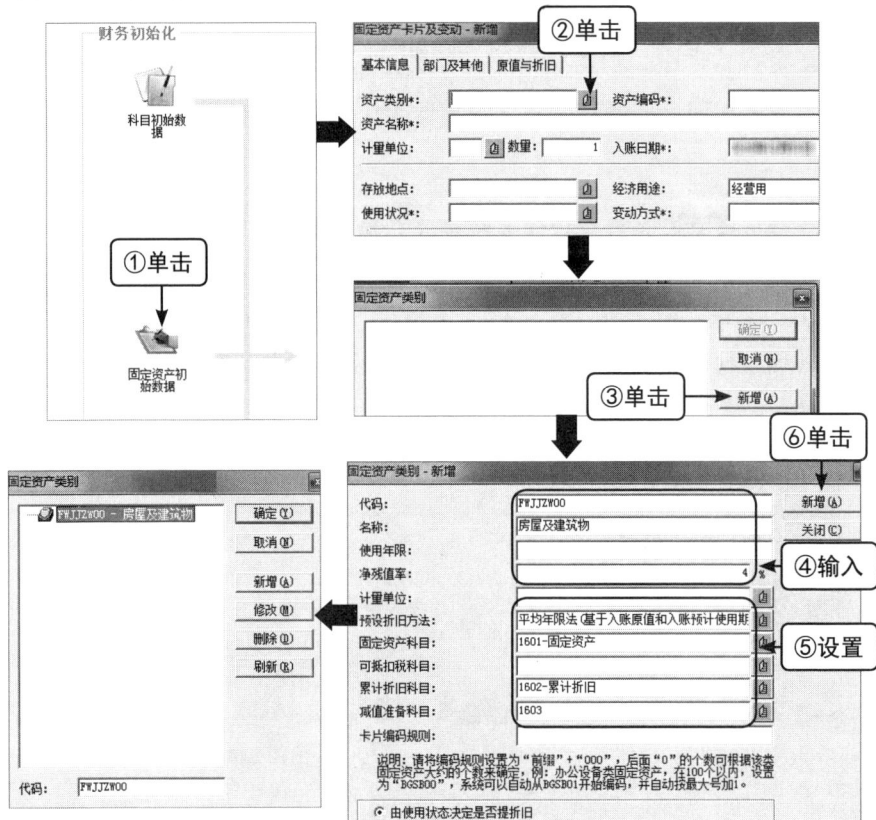

图 2-25　录入固定资产初始数据

　　添加完毕后返回"固定资产卡片及变动 - 新增"对话框，对"资产名称""入账日期""使用状况"和"变动方式"等进行设置，然后单击"保存"按钮，此时系统会提示"缺少部门分配信息"，单击"确定"按钮切换到"部门及其他"选项卡，在"使用部门"栏中选中使用部门类型单选按钮，并单击对应文本框右侧的按钮，如图 2-26（左）所示。

　　打开"核算项目 - 部门"对话框，单击"新增"按钮，打开"部门 - 新增"对话框并输入部门代码和名称，在对话框中任意位置单击，获取部门全名和助记码，单击"保存"按钮，如图 2-26（右）所示。

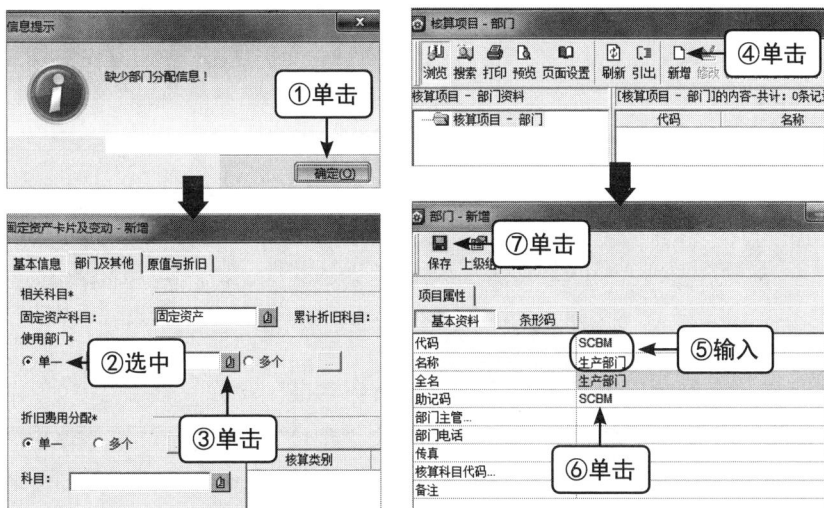

图 2-26　新增部门信息

返回"核算项目－部门"对话框,选择"生产部门"选项并双击,返回"固定资产卡片及变动－新增"对话框,设置"折旧费用分配",如图 2-27 所示。

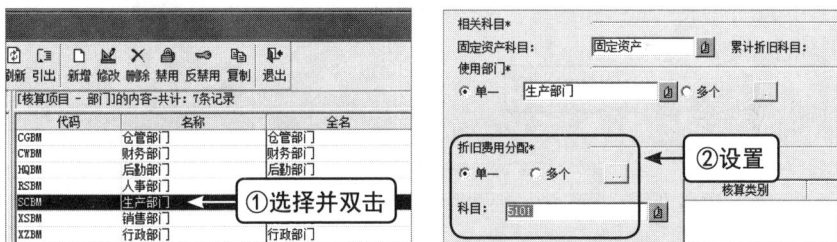

图 2-27　给固定资产设置使用部门和折旧费用分配方法

然后单击"固定资产卡片及变动－新增"对话框中的"原值与折旧"选项卡,设置相关内容,如原币金额、本币金额、购进原值、开始使用日期和预计使用期间数,单击"保存"按钮即可保存录入的固定资产初始数据,按照相同的操作录入其他固定资产的初始数据。

而企业现金流量的初始数据一般为零,但也有例外,此时只需在"初始化"界面单击"现金流量初始数据"按钮,在打开的"现金流量初始数据"界面中填入相应的数据即可,如图 2-28 所示。

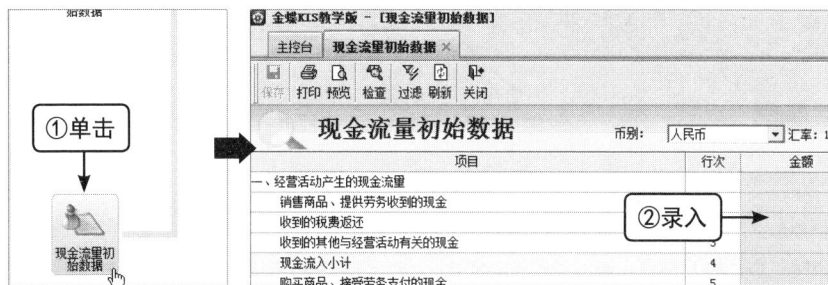

图 2-28　录入现金流量初始数据

返回"初始化"界面后单击"启用财务系统"按钮，如图 2-29（左）所示。打开"启用财务系统"对话框，单击"开始"按钮（系统默认选中"结束初始化"单选按钮），系统将提示"启用财务系统成功"，单击"确定"按钮，如图 2-29（右）所示。

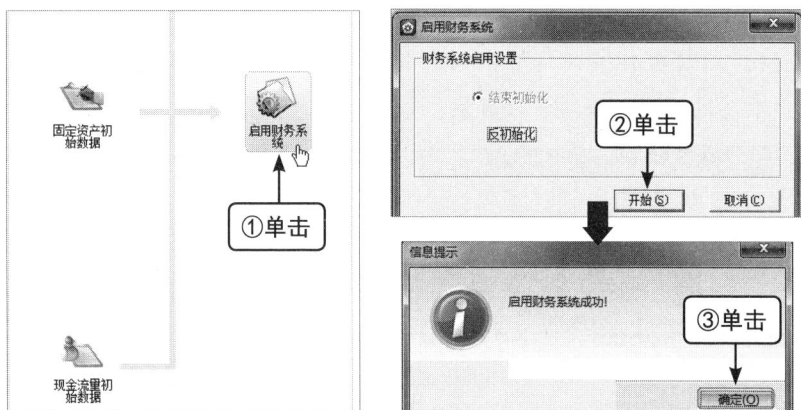

图 2-29　完成财务初始数据录入并启用财务系统

这样就基本完成了财务资料的初始数据录入工作。

2.2.2　初始化业务数据

由于各企业的经营范围不同，业务也不同，再加上使用的财务软件不同，业务数据的初始化操作会有差别，但常见的都有，如存货初始数据、暂估入库单、未核销出库单和应收应付初始数据。下面来看具体的录入操作。

实务案例 为金蝶软件系统录入业务初始数据

在"初始化"界面单击"存货初始数据"按钮,打开"存货初始数据"界面,如图2-30所示。一般来说,事先进行了基础设置的,此处打开的"存货初始数据"界面会直接显示出存货的初始数据。但如果基础设置时没有进行存货相关参数的填写,则需要在当前界面中新录入初始数据。

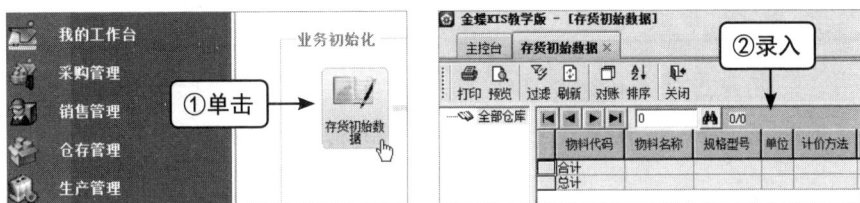

图2-30 录入存货初始数据

退出"存货初始数据"界面,在"初始化"界面单击"暂估入库单"按钮,如图2-31(左)所示。打开"过滤"对话框,进行暂估入库单的条件、排序和表格的设置,单击"确定"按钮并退出该界面,如图2-31(右)所示。

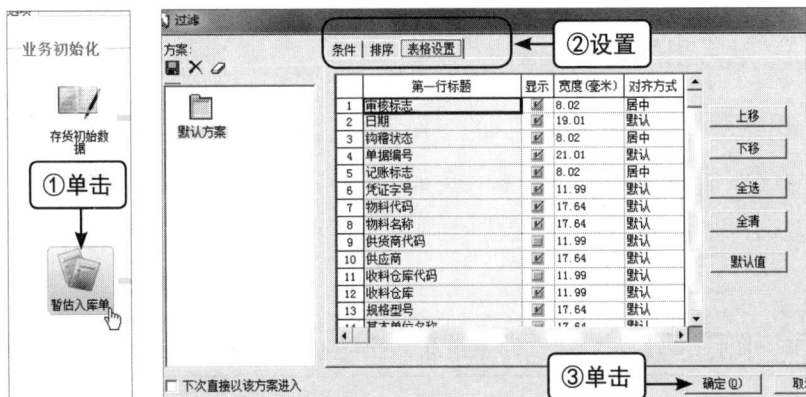

图2-31 录入暂估入库单的初始数据

接着单击"未核销出库单"按钮,如图2-32(左)所示。打开"过滤"

对话框，进行未核销出库单的条件、排序和表格的设置，单击"确定"按钮并退出该界面，如图 2-32（右）所示。

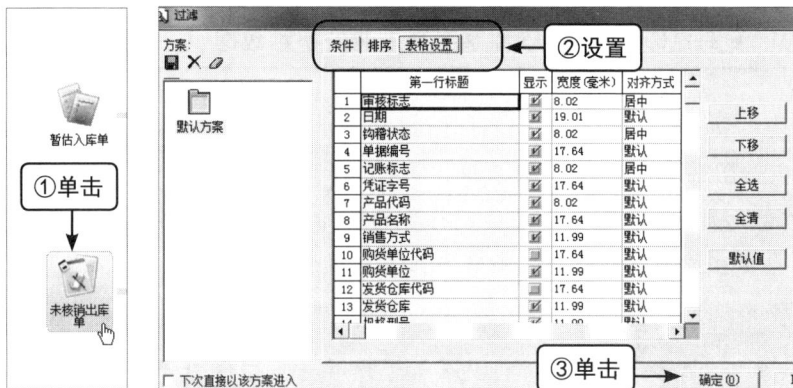

图 2-32　录入未核销出库单的初始数据

最后单击"应收应付初始数据"按钮，打开"应收应付初始数据"对话框，录入应收应付初始数据。如果在进行基础设置时已经设置了"销售价格资料"的初始数据，则此处打开的"应收应付初始数据"对话框中会有相应数据。

如果确认业务数据已经完成了初始化，则单击"启用业务系统"按钮，按照提示启用业务系统，具体操作可参考财务系统的启用操作。

2.2.3　录入出纳初始数据

出纳是一家公司必不可少的工作之一，出纳初始数据主要包括科目代码、名称、币别和期初借方累计金额等。注意，录入出纳初始数据时一定要遵从必要性，没有用处的数据无须录入。下面来看看具体的录入步骤。

实务案例 为金蝶软件系统录入出纳初始数据

在"初始化"界面单击"出纳初始数据"按钮，在打开的"出纳初始数据"界面上方单击"引入"按钮，在打开的"从总账引入科目"对话框中设置出纳期间和需要引入的内容，单击"确定"按钮，返回"出纳初始数据"

界面就可看到引入的出纳初始数据，如图 2-33 所示。

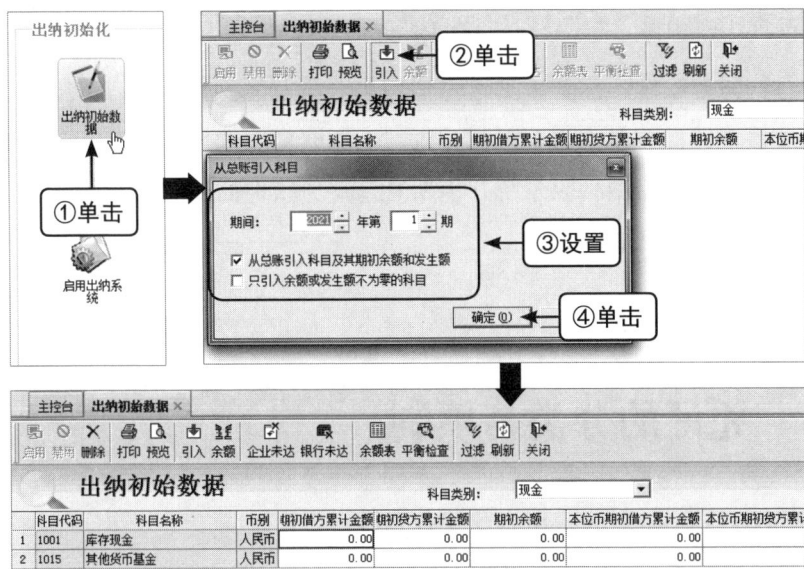

图 2-33　引入出纳初始数据

返回"初始化"界面，单击"启用出纳系统"按钮，按照提示操作即可启用出纳系统，同时完成企业财务软件系统的初始化工作。

2.2.4　完成账套启用

完成了前述所有初始化设置后，就意味着企业财务软件中已经建立了比较完善的财务核算系统。但要想财会人员顺利使用财务软件进行日常会计核算，还必须正式启用账套，这也是财务软件系统初始化处理的最后一项工作。

将初始化工作中输入的所有数据进行处理和转化，将其转变为日常会计处理所需的格式，方便为日常会计处理提供初始数据来源。

启用账套时，系统会自动进行总账数据的平衡校验和固定资产数据与总账数据的勾稽平衡检查。只有在各种平衡关系全部校验完毕后，系统才能完成账套启用工作。如果在启用账套过程中发现校验关系不平衡，系统会打开提示对话框，提示修改有关数据。

有的财务软件不需要单独进行"启用账套"的操作，但有的则需要。比如金蝶软件，一般不需要单独进行"启用账套"的操作，在完成所有初始数据的录入、启用相应系统并重新登录财务软件后，就表示初始化工作已经完成且账套启用成功。

2.3 凭证的分类与填制

凭证的填制是财会人员必须要做的日常工作，到了新公司任职也不例外，所以分清凭证的种类才能更好地掌握各种凭证的填制要求与规则。

2.3.1 了解公司经营用会计凭证的种类

会计凭证是记录经济业务发生或完成情况的书面证明，也是登记会计账簿的依据。

一般来说，公司经营活动中会用到的会计凭证主要分为两大类：一是原始凭证，二是记账凭证。这两类凭证是按照其填制程序和用途划分的，相关介绍见表 2-1。

表 2-1　两类会计凭证

类　型	概　　念	常见凭证
原始凭证	在实务中常被称为单据，是在经济业务发生或完成时取得或填制的，用来记录或证明经济业务的发生或完成情况的会计凭证	现金收据、增值税专用（或普通）发票、差旅费报销单、借款单、入库单、出库单和领料单等

续表

类　型	概　　念	常见凭证
记账凭证	指会计人员根据审核无误的原始凭证，按照经济业务的内容加以归类，并据以确定会计分录后填制的会计凭证，是登记会计账簿的直接依据	一般又分为记录收款业务的收款凭证、记录付款业务的付款凭证、记录转账业务的转账凭证和什么业务都可以记录的通用记账凭证

针对原始凭证，不同的划分依据又可以分为不同的类型。

①按原始凭证的取得来源划分，可分为自制原始凭证和外来原始凭证。自制原始凭证就是由本单位有关部门和人员在执行或完成某项经济业务时填制，仅供本单位内部使用的原始凭证，如前面提到的现金收据、发货票、差旅费报销单、借款单、入库单、出库单和领料单。外来原始凭证则指在经济业务发生或完成时从其他单位或个人直接取得的原始凭证，如增值税专用（或普通）发票、职工出差报销提交的飞机票和火车票。

②按格式划分，可分为通用凭证和专用凭证。通用凭证指由有关部门统一印制、在一定范围内使用的具有统一格式和使用方法的原始凭证，如各种增值税发票、银行转账结算凭证。专用凭证指由本单位自行印制、仅在本单位内部使用的原始凭证，范围可直接参考自制原始凭证。

③按填制手续和内容划分，可分为一次凭证、累计凭证和汇总凭证。一次凭证指一次填制完成，只记录一笔经济业务且仅一次有效的原始凭证，如收据、收料单、发货票和银行结算凭证。累计凭证指在一定时期内多次记录发生的同类型经济业务且多次有效的原始凭证，如限额领料单。汇总凭证指对一定时期内反映经济业务内容相同的若干张原始凭证按照一定标准综合填制的原始凭证，如汇总收款凭证、汇总付款凭证。

一般来说，原始凭证必须具备这些基本内容：凭证的名称、填制凭证的日期、填制凭证单位名称和填制人姓名、经办人员的签名或盖章、接收凭证单位名称、经济业务内容以及数量、单价和金额。

记账凭证同样必须具备一定的基本内容：填制凭证的日期、凭证编号、经济业务摘要、会计科目、金额、所附原始凭证张数以及填制凭证人员、稽核人员、记账人员、会计机构负责人和会计主管人员等的签名或盖章。

2.3.2 常见的自制凭证和外来凭证有哪些

在前一小节中提到的自制原始凭证和外来原始凭证，它们都属于企业的第一手财务资料，对会计人员来说需要熟悉其常见样式。

（1）自制原始凭证

收据是企事业单位在经济活动中使用的原始凭证，可分为内部收据和外部收据。内部收据即单位内部自制凭证，用于单位内部发生的业务，常见格式如图 2-34 所示。而外部收据主要指税务部门监制、财务部门监制和部队收据这 3 种。

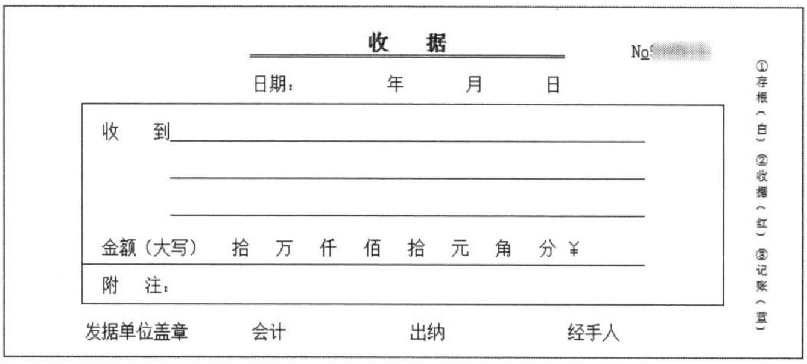
收　据
No
日期：　年　月　日
收　到
金额（大写）　拾　万　仟　佰　拾　元　角　分 ¥
附　注：
发据单位盖章　会计　出纳　经手人
①存根（白）②收据（红）③记账（蓝）

图 2-34　收据

借款单是指因工作或业务需要在完成相关报销或付款手续之前提前向公司办理借款业务所填写的单据。该单据一般为一式两联，第一联是借款单存根，用作借款人的借款单据；第二联是借款单，作为付款凭证，即借款人向公司办理借款的借据。常见格式如图 2-35 所示。

借 款 单

No

日期：　　年　　月　　日

部　　门		姓名	
借款事由			
借款金额	（大写）　拾　万　仟　佰　拾　元　角　分		
预计还款报销日期		¥	
审批意见		借款人	

发据单位盖章　　会计：　　出纳：

①存根（白）②收据（红）③记账（黄）

图 2-35　借款单

领料单是材料领用和发出的原始凭证，一般一式数联，一联领料后由领料单位留存；一联由仓库发料后留存，作为登记材料保管明细账的依据；一联由仓库转交财务部，作为登记材料分类账和编制发料凭证汇总表的依据。常见格式如图 2-36 所示。

领 料 单

领料部门：　　发料仓库：　　编号：

用　途：　　日　期：

材料编号	材料名称	规格	单位	单价	数量		金额							
					请领	实领	十	万	千	百	十	元	角	分
人民币（大写）						合计								

仓库主管：　　领料部门主管：　　发料人：　　须料人：

第三联：出库单位

图 2-36　领料单

入库单是对采购实物入库数量的确认，是对采购人员和供应商的一种监控，是企业内部管理和控制的重要原始凭证。一般一式三联，第一联为仓库记账联；第二联交采购员办理付款；第三联为记账联，交给财务做账。常见格式如图 2-37 所示。

出库单是材料或商品出库的凭证，可方便对账和结算。一般一式数联，分别是由接收材料或商品方留存的发货联、由发出材料或商品方留存的记账联、存根以及结算联等。常见格式如图 2-38 所示。

入　库　单

No.▮▮▮▮▮▮

单位：　　　　　　　　　　　　　　年　　月　　日

编号	名称	规格	单位	数量	单价	金额	备注
金额（大写）		拾　万　仟　佰　拾　元　角　分 ¥					

主管：　　　　仓库：　　　　记账：　　　　经手人：

①存根（白）②记账（红）③结算（蓝）

图 2-37　入库单

出　库　单

No.▮▮▮▮▮▮

单位：　　　　　　　　　　　　　　年　　月　　日

编号	名称	规格	单位	数量	单价	金额	备注
金额（大写）		拾　万　仟　佰　拾　元　角　分 ¥					

主管：　　　　仓库：　　　　记账：　　　　经手人：

①存根（白）②记账（红）③结算（蓝）

图 2-38　出库单

差旅费报销单就是用来记录差旅费使用情况并作为报销依据的原始凭证。由于出差过程中可能发生很多交易结算票据，这些都是报销依据，因此差旅费报销单必须附带附件，且报销单上要如实填写附件张数。常见格式如图 2-39 所示。

限额领料单也称定额领料单，是一种多次使用的累计领料凭证，在有效期间内（最长为一个月），只要领料不超过限额，就可以连续使用。由此可见，该单据常用于领用频次较高、有领用限额的材料的领发业务，一般一式两联，一联送交仓库据以发料；另一联送交领料部门据以领料。常见格式如图 2-40 所示。

差 旅 费 报 销 单

报销部门：   年 月 日

姓 名		职 别			出差事由					

	日 期	区 间	人数	天数	其中：途中天数	局内/局外	补贴项目	人数	天数	标准	金 额
出差地点	月 日- 月 日						伙食补贴				
	月 日- 月 日						交通费补贴				
	月 日- 月 日						司机出车补贴				
	月 日- 月 日						未卧补贴				
							小 计				

项 目	报销数		审核数		说明：
	单据张数	报销金额	单据张数	审核金额	
住 宿 费					
车 船 票					主（分）管领导审批：
飞 机 票					
小计					

合计金额大写：		合计金额小写：

单位盖章	会计	出纳	报销人

附件   张

图 2-39 差旅费报销单

限额领料单

领料部门：   年   月   发料仓库：

用途：   凭证编号：

材料类别	材料编号	材料名称及规格	计量单位	领料限额	实际领用	单价	金额	备注

日期	请领		实发			限额结余	退库		
	请领数量	签章	实发数量	发料人	领料人		退库数量	退料人	收料人
合计									

供应部门负责人：	生产部门负责人：	仓库管理员：

第×联

图 2-40 限额领料单

（2）外来原始凭证

最常见的外来原始凭证要属增值税发票和银行结算单据了。其中增值税专用发票和普通发票的格式几乎相同，只是发票名称不同。增值税发票主要用来反映经济活动，同时也是记录销货方纳税义务和购货方进项税额的合法证明，不同类型的发票有不同数量的联次，但必须都有发票联和记账联，专用发票还必须有抵扣联。图 2-41 所示为增值税专用发票样式。

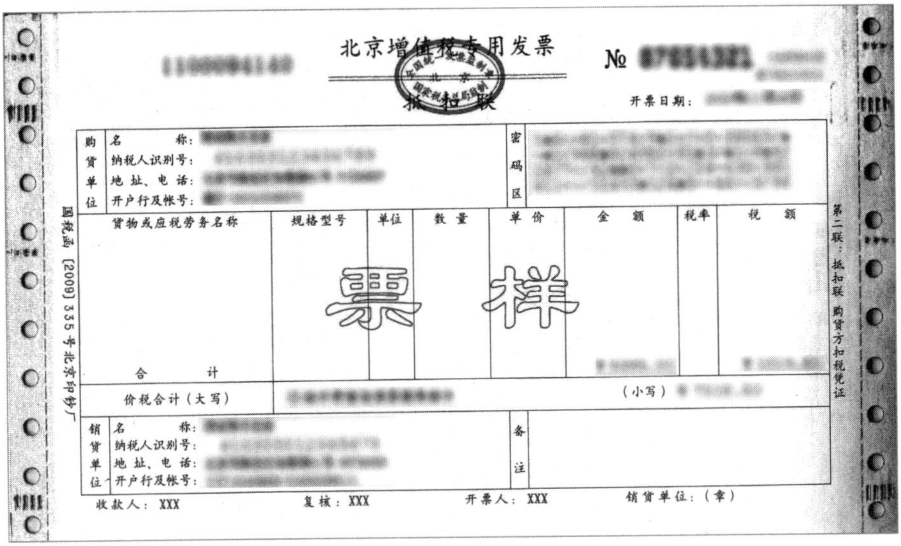

图 2-41 增值税专用发票

银行结算单据也称银行结算凭证，是收付款双方及银行办理银行转账结算的书面凭证，主要有支票、商业承兑汇票、银行承兑汇票、银行本票和银行汇票等。各种结算单据的格式、内容和联次等都是不同的，如图 2-42所示为银行汇票的常见样式。

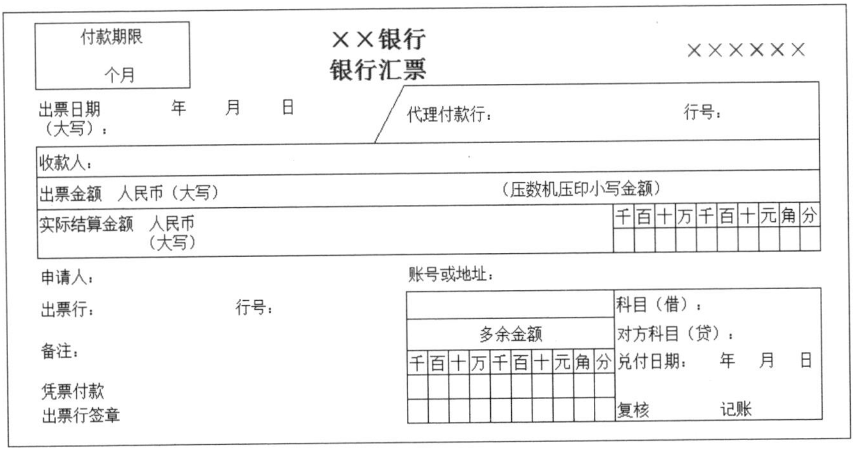

图 2-42 银行汇票

2.3.3 凭证的填制与开具要求

每个企业都必须按照一定的程序和规则填制并审核会计凭证，这样后期才能根据审核无误的会计凭证进行账簿登记，如实反映企业的经济业务情况。

原始凭证和记账凭证在填制或开具时，其基本要求是有差别的。下面分别学习这两类会计凭证的基本填制要求。填制或开具原始凭证的基本要求，见表 2-2。

表 2-2　原始凭证的基本填制要求

要　　求	概　　述
记录真实	原始凭证所填列的经济业务的内容和数字必须真实可靠，且符合实际情况
内容完整	所要求填列的项目必须逐项填列完整，不得遗漏或省略。包括年月日要按照填制原始凭证的实际日期填写，名称要填写齐全而不能简化书写，品名或用途也要填写准确不能含糊不清，有关人员的签章也要齐备
手续完备	单位自制的原始凭证必须有经办单位相关负责人的签名盖章；对外开出的原始凭证必须加盖本单位公章或财务专用章；从外部取得的原始凭证必须保证加盖有填制单位的公章或财务专用章；从个人处取得的原始凭证也必须有填制人员的签名或盖章
书写清楚、规范	文字要简明，字迹要工整清楚且易于辨认，不得使用未经国务院公布的简化汉字，大小写金额必须符合填写规范
编号连续	各种凭证要连续编号，以便后期查账。如果凭证已经预先印定编号，比如发票和支票等，在因错作废时，应加盖"作废"戳记，妥善保管，不得撕毁
不得涂改、刮擦、挖补	原始凭证金额有错误的，应由出具单位重开，不得在原始凭证上更正；有其他错误的，应由出具单位重开或更正，且更正处必须加盖出具单位的印章
填制及时	各种原始凭证一定要及时填写或开具，并按规定的程序及时送交会计机构审核

当然具体的原始凭证在填制或开具时还有其自身的一些填制要求，这里不作详述。

知识贴士　大小写金额的书写规范

小写金额用阿拉伯数字逐个书写，不得写连笔字，且金额前必须填写人民币符号"￥"，且与阿拉伯数字之间不得留空白。金额数字一律填写到角、分，无角无分的，写"00"或符号"–"；有角无分的，分为写"0"，不得用符号"–"。大写金额用汉字壹、贰、叁、肆、伍、陆、柒、捌、玖、拾、佰、仟、万、亿、元、角、分、零和整（或正）等，且金额前必须印有"人民币"字样，未印有该字样的需手动加写"人民币"3个字，且与大写金额之间不得留空白。大写金额到元或角为止的，后面要写"整"或"正"字；有分的，不写。

记账凭证的填制除了要做到内容完整、书写清楚规范，还需符合表2–3的基本填制要求。

表2–3　记账凭证的基本填制要求

要　　求	概　　述
附带原始凭证	除了结账和更正错账可以不附原始凭证，其他记账凭证必须附原始凭证
凭证的汇总要规范	记账凭证可以根据每一张原始凭证填制，或根据若干张同类原始凭证汇总填制；也可以根据原始凭证汇总表填制。但不得将不同内容和类别的原始凭证汇总填制在一张记账凭证上
连续编号	记账凭证应由主管该项业务的会计人员按照业务发生顺序和不同种类，采用"字号编号法"连续编号。如银收字1号、现付字3号。如果一笔经济业务需要填制两张及以上的记账凭证，可以采用"分数编号法"编号，如转字$8\frac{1}{2}$号、转字$8\frac{2}{2}$号
更正错误时要重新填制	填制记账凭证时若发生错误，应重新填制。具体的错账更正方法将在本书第6章详细介绍，这里不做详述
空行处理得当	记账凭证填制完成后，若有空行，应从金额栏最后一笔金额数字下的空行处至合计数上的空行处划线注销

2.3.4 掌握财务软件中填制凭证的操作

在会计电算化下，会计人员通过财务软件填制记账凭证。填制操作也非常简单，下面就通过具体的案例来学习在财务软件中填制凭证的方法。

实务案例 进入财务软件填制记账凭证

登录财务软件系统，在主界面左侧的"主功能选项"栏中单击"账务处理"选项卡，在右侧的"子功能选项"区域单击"凭证录入"按钮，如图2-43所示。

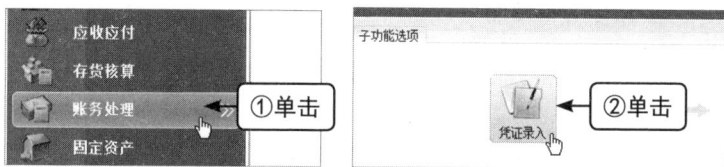

图2-43 单击"凭证录入"按钮

打开"记账凭证 – 新增"界面，按实际情况设置业务日期和填制凭证的日期，然后在界面右上角单击"凭证字"文本框右侧的下拉按钮，在弹出的下拉菜单中选择凭证类型选项，输入凭证号和附件张数，如图2-44所示。

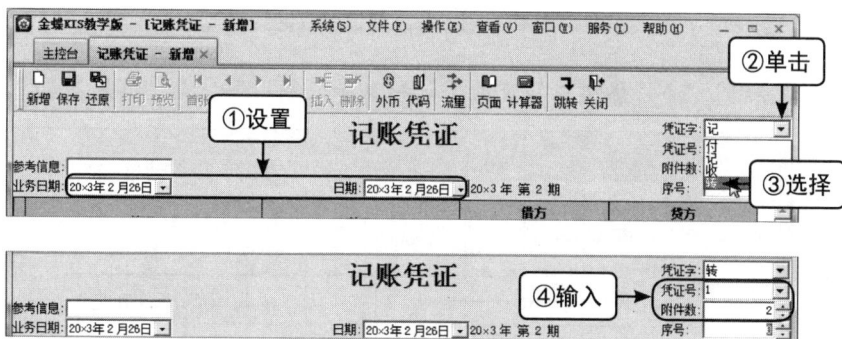

图2-44 填写填制凭证日期和凭证字号等信息

接着在凭证模板的"摘要"栏中输入经济业务摘要，双击第一行"科目"栏的方格，打开"会计科目"对话框，选择相应的会计科目，单击"确定"

按钮，如图 2-45 所示。

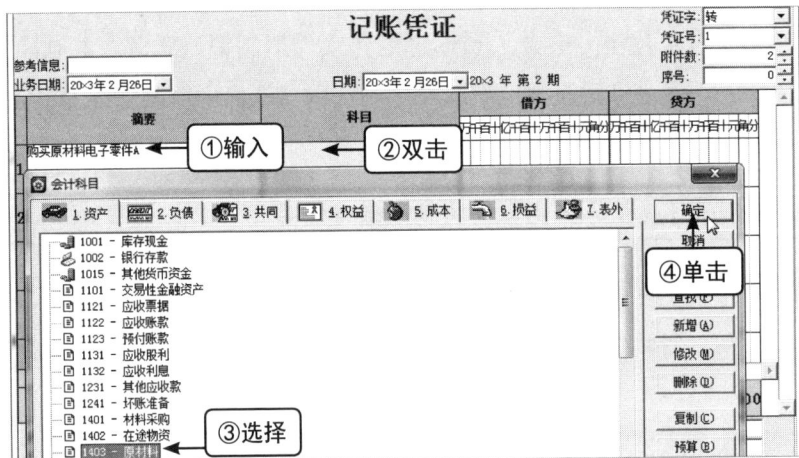

图 2-45　选择会计科目

按【Enter】键就可在"科目"栏中同时显示科目名称和其代码。然后在第一行的"借方"栏中输入购买原材料的价款金额，如图 2-46 所示。

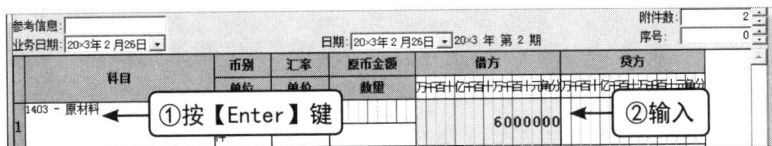

图 2-46　输入会计科目对应的金额

按相同方法将该凭证涉及的会计科目和金额填写完全，如图 2-47 所示。

图 2-47　继续完善记账凭证

　　由于该记账凭证中的会计分录涉及"应付账款"科目，所以系统会自动显示出"供应商"栏待填。双击界面下方"供应商"文本框，在打开的"核算项目－供应商"对话框中选择供应商并双击，返回后按【Enter】键即可看到"供应商"文本框中显示供应商代码及供应商名称，最后单击界面左上角的"保存"按钮即可保存该记账凭证，如图2-48所示。

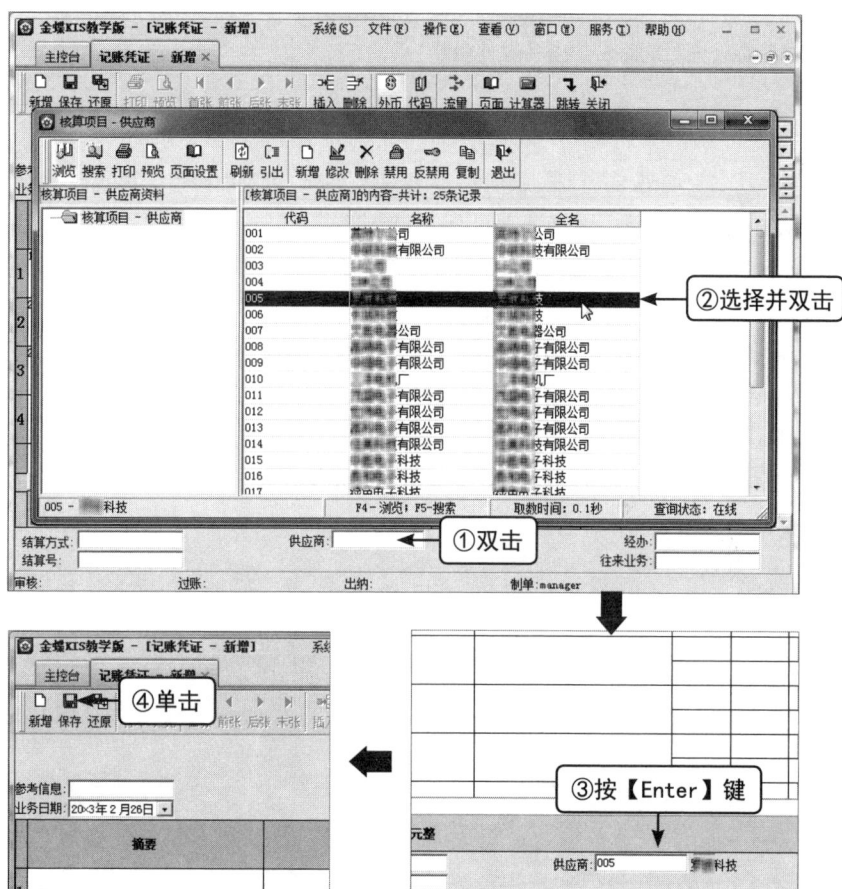

图 2-48　添加供应商信息

　　该案例就是财会人员根据采购原材料的入库单和收到的供应商开具的增值税发票而填制的记账凭证。其他经济业务也按照同样的操作正确记录会计信息，填制好记账凭证。

✏️ 实务答疑

问： 为什么财务软件可实现多人同时操作?

答： 财务软件在建立账套时有一个具有所有权限的系统管理员，只要这位管理员在建立账套时将企业财务部门的所有需要做账的会计人员都添加到相应的操作组中，就可以使这些会计人员同时使用财务软件做账。

问： 财务软件使用过程中的注意事项有哪些?

答： ①科目编码与会计科目之间一定要对应准确，否则编码错误就可能导致记账工作无法顺利进行；②公司在年度中间设立且新建账套的，在录入各会计科目的期初余额时要选择"期初余额"栏输入，而不是"年初余额"栏；③录入凭证前一定要确保已经对凭证进行了"凭证类别"设定，即"收字""付字"和"转字"等；④录入的凭证一定要经过审核和记账操作才能进行登账，否则登账会不成功；⑤只要录入的凭证还没有通过审核或者还没有进行过账处理，发现有错误时都可以在原先录入的凭证上进行修改；⑥在确认所有应该初始化的数据都完成初始化之前，慎重启用各系统；⑦进行结账操作前一定要仔细检查当期的账目；⑧账套一定要备份等。

第 3 章

资金来源及采购活动的账务处理

　　一家新公司的设立与存续都需要资金的维持，有了资金才能采购物资用于生产和经营，进而才能通过销售活动获取收益，以促进企业更好地发展。对会计人员来说，其日常核算工作中的有一部分就涉及资金来源和采购活动的账务处理，这些账务关系着企业的资产结构和经营成本问题，因此不容小觑。

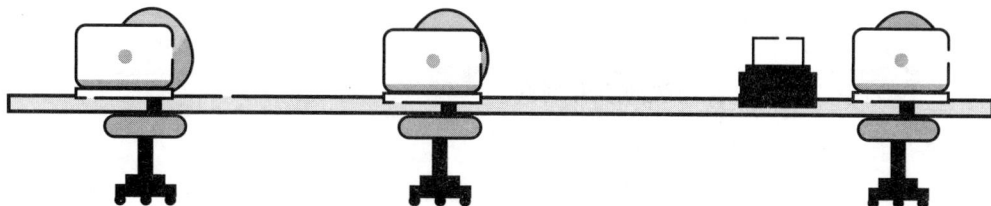

3.1 企业获取经营用资金的账务

对新公司来说，获取经营用资金的一般途径就是企业老板自行出资，或者几个人一起出资组建公司。当然，还可能向银行或其他金融机构借款。在经营过程中还可能接受新的投资者的追加投资等。这些获取资金的行为都需要进行相应的账务处理，但具体处理方法是不同的。

3.1.1 向银行借款涉及资产和负债的变动

如果企业向银行借款以获取经营用资金，则在增加企业资产的同时，也会增加企业的负债。

在向银行借款时，要区分借款是短期的还是长期的。通常，短期借款是指企业向银行或其他金融机构等借入的期限在一年（含）以下的各种款项。相应地，企业向银行或其他金融机构等借入的期限超过一年的各种款项就是长期借款。关于企业向银行借款的账务，来看下面这个例子。

实务案例 新设公司向银行借款的账务处理

20×3年1月，新成立的甲公司向银行借入一笔20.00万元的短期借款，期限为一年，年利率为4.35%，每个季度付息一次。款项已经存入公司的银行账户，财务部也已经收到银行发来的收款通知。会计人员需要根据该通知进行如下账务处理：

①1月借入短期借款。

借：银行存款——××银行   200 000.00

  贷：短期借款   200 000.00

②每月计提需要确认的当月利息。

月利率 =4.35%÷12=0.36%

月利息 =200 000.00×0.36%=720.00（元）

借：财务费用　　　　　　　　　　　　　　　720.00

　　贷：应付利息　　　　　　　　　　　　　　　720.00

③3月需要支付第一季度的借款利息。

季度利息 =720.00×3=2 160.00（元）

其中有两个月的借款利息1 440.00（720.00×2）需要转销应付利息，而3月的借款利息直接计入财务费用。

借：财务费用　　　　　　　　　　　　　　　720.00

　　应付利息　　　　　　　　　　　　　　　1 440.00

　　贷：银行存款　　　　　　　　　　　　　　2 160.00

④20×3年1月偿还借款。

借：短期借款　　　　　　　　　　　　　　200 000.00

　　贷：银行存款——××银行　　　　　　　200 000.00

如果企业借入的是长期借款，则一般需要明确借入款项的用途，做账时在资产负债表日要按摊余成本和实际利率计算确定长期借款的利息费用。并且，如果是分期付息，则依然使用"应付利息"科目进行核算；但如果到期一次还本付息，则需要使用"应计利息"科目进行核算。如果借款时发生了手续费，还需要用到"长期借款——利息调整"科目。

实务案例 公司向银行借入一般长期借款用作扩建厂房

20×3年1月，乙公司从开户行借入一笔长期借款120.00万元，用于扩建厂房，年末完工交付使用。已知该笔借款已经存入公司的银行账户，期限为4年，年利率为4.75%，每年年末归还当年借款利息，到期一次还清借款本金。此时账务处理如下：

①1月计入长期借款。

借：银行存款——××银行　　　　　　　1 200 000.00

    贷：长期借款——本金   1 200 000.00

② 20×3年将当年需要确定的借款利息计入在建工程。

年利息 =4.75% ×1 200 000.00=57 000.00（元）

由于20×3年用借款扩建厂房，因此当年的借款利息需计入厂房的账面价值。

    借：在建工程   57 000.00

        贷：长期借款——应付利息   57 000.00

③每年年末支付当年借款利息。

    借：长期借款——应付利息   57 000.00

        贷：银行存款——××银行   57 000.00

④ 20×4年开始，按月预提借款利息。

月利率 =4.75%÷12=0.4%

月利息 =0.4%×1 200 000.00=4 800.00（元）

    借：财务费用   4 800.00

        贷：长期借款——应付利息   4 800.00

年末支付当年借款利息的账务处理同步骤③的会计分录。

⑤最后一年还清借款本金。

转销当年前11个月预提的应付利息52 800.00元（4 800.00×11）。

    借：财务费用   4 800.00

        长期借款——应付利息   52 800.00

        长期借款——本金   1 200 000.00

    贷：银行存款   1 257 600.00

如果该案例中乙公司在向银行借款时发生了13 800.00元的手续费，则第①步的会计分录会有不同。

    借：银行存款——××银行   1 186 200.00

        长期借款——利息调整   13 800.00

贷：长期借款——本金　　　　　　　　　　1 200 000.00

3.1.2　接受投资者投资要确认实收资本

实收资本是指投资者作为资本投入企业的各种财产，是注册登记法定资本总额的来源。在公司成立之初，主要创办人可能会接受其他投资者的投资，两方甚至几方一起组建成立公司。对于公司来说，在接受投资者的投资时，需要确认实收资本。

确认实收资本时，借记"银行存款"等科目；按其在注册资本或股本中所占份额，贷记"实收资本"科目；将超过所占份额的投资贷记"资本公积——资本溢价"或"资本公积——股本溢价"科目。

实务案例 接受投资者投资成立公司

由 A、B、C 三人分别出资 180.00 万元、200.00 万元和 150.00 万元共同组建新的有限责任公司。已知公司认缴的注册资本总额为 500.00 万元，A、B、C 投资占注册资本的份额分别是 30%、40% 和 30%。所有投资均已汇入公司开立的基本存款账户中，财会人员根据银行发来的收款通知做如下账务处理：

A 实收资本确认额 =30%×500.00=150.00（万元）

B 实收资本确认额 =40%×500.00=200.00（万元）

C 实收资本确认额 =30%×500.00=150.00（万元）

A 投资者投入资本超过其占注册资本份额的 30.00 万元（180.00–150.00）计入资本公积进行确认。

借：银行存款　　　　　　　　　　　　　5 300 000.00
　　贷：实收资本——A　　　　　　　　　　1 500 000.00
　　　　　　　　——B　　　　　　　　　　2 000 000.00
　　　　　　　　——C　　　　　　　　　　1 500 000.00

   资本公积——资本溢价   300 000.00

  在该案例中，如果 A 投资者出资 150.00 万元，则刚好与其注册资本所占份额相等，此时就不会产生资本溢价，也就不需要确认资本公积。

  当然，实际工作中公司可能接受的投资者的投资不是货币，而是其他实物资产，此时需要做不同的账务处理，具体内容在 3.1.4 节介绍。

3.1.3 投资者追加投资的账务处理

  如果企业在经营管理过程中，投资者追加投资，则实收资本的确认会因为其占注册资本份额的变化而不同。下面就通过案例来学习。

实务案例 公司接受投资者追加投资的实收资本变动

  在前一个案例的基础上，假设该公司经营效益越来越好，A、B、C 分别又追加 50.00 万元、60.00 万元和 40.00 万元，并约定注册资本增加到 600.00 万元，A、B、C 占注册资本份额不变。所有追加投资款皆已存入银行账户，相关账务处理如下：

  总投资额 =180.00+200.00+150.00+50.00+60.00+40.00=680.00（万元）

  A 实收资本确认额 =600.00×30%=180.00（万元）

  B 实收资本确认额 =600.00×40%=240.00（万元）

  C 实收资本确认额 =600.00×30%=180.00（万元）

  所以 A、B、C 分别新增实收资本确认额 30.00 万元、40.00 万元和 30.00 万元。

  借：银行存款   1 500 000.00

   贷：实收资本——A   300 000.00

       ——B   400 000.00

       ——C   300 000.00

资本公积——资本溢价	500 000.00

如果约定公司的注册资本不变，则很显然，A、B、C 追加投资的款项将全部作为资本溢价，计入资本公积。

如果约定注册资本增加到 600.00 万元，A、B、C 占注册资本份额也从原来的 30%、40% 和 30% 变为 33%、36% 和 31%，则相关账务处理如下：

A 实收资本确认额 =600.00×33%=198.00（万元）

B 实收资本确认额 =600.00×36%=216.00（万元）

C 实收资本确认额 =600.00×31%=186.00（万元）

A、B、C 分别新增实收资本确认额 48.00 万元、16.00 万元和 36.00 万元。

借：银行存款	1 500 000.00
贷：实收资本——A	480 000.00
——B	160 000.00
——C	360 000.00
资本公积——资本溢价	500 000.00

由此可见，公司接受投资者追加投资时，单个投资者实收资本确认额的变动不仅受注册资本总额的影响，还受自身投资占注册资本份额的变动的影响。

3.1.4 收到实物投资时如何做账

实务中，公司可能收到投资者的固定资产、原材料或材料物资等作价投资。这时的账务处理与直接接受货币投资不同。

（1）接受固定资产投资

企业接受投资者作价投入的房屋、建筑物或机器设备等固定资产，应按投资合同或协议约定的价值作为固定资产的入账价值，按投资合同或协议约定的投资者在企业注册资本或股本中所占份额的部分作为实收资本或股本入账，投资合同或协议约定的价值超过投资者在企业注册资本或股本中所占份额的部分计入资本公积。

当然如果这些固定资产的价值不公允，则不能按照前述规则确定入账价值和资本公积。

实务案例 公司接受固定资产投资的账务处理

某有限责任公司成立于 20×3 年 3 月初，设立时收到丙公司作为资本投入的可立即使用的厂房一栋，合同约定该厂房的价值为 280.00 万元，由投资方支付税款并开具增值税专用发票，税额为 25.20 万元。经约定，该有限责任公司接受丙公司的投入资本为 305.20 万元，全部作为实收资本。合同约定的厂房价值与公允价值相符，不考虑其他因素，有限责任公司应编制如下会计分录：

借：固定资产——厂房　　　　　　　　　　　2 800 000.00

　　应交税费——应交增值税（进项税额）　　　252 000.00

　　贷：实收资本——丙公司　　　　　　　　　3 052 000.00

从案例来看，接受固定资产投资时涉及的增值税税额如果对应有增值税专用发票，则接受投资方可将这部分增值税税额作为进项税额，以便在当期的增值税销项税额中抵扣。而对投资者实收资本的确认则需要按照合同或协议的具体约定来处理，实务中有时候并不会像案例中一样全额作为实收资本确认。

（2）接受材料物资投资

企业接受投资者作价投入的材料物资，其处理方法与接受固定资产投资类似，同样需要按照投资合同或协议的约定行事。按所占注册资本份额的部分确认实收资本或股本入账，超过所占份额的部分计入资本公积。涉及的增值税问题也可参照接受固定资产投资的增值税的处理方法解决，下面来看具体案例。

实务案例 公司接受原材料投资的账务处理

甲公司设立时收到乙公司作为资本投入的原材料一批，投资合同对该批原材料的约定价值为 50.00 万元，且与公允价值相符。乙公司支付了税款并开具了增值税专用发票，税额为 6.50 万元。经约定，甲公司接受乙公司的投入资本为 50.00 万元，6.50 万元作为资本溢价计入资本公积进行核算。不考虑其他因素，甲公司应编制如下会计分录：

借：原材料	500 000.00	
应交税费——应交增值税（进项税额）	65 000.00	
贷：实收资本——乙公司		500 000.00
资本公积——资本溢价		65 000.00

（3）接受无形资产投资

企业收到投资者以无形资产作价投入的资本，依然需要按照投资合同或协议的约定进行处理。同样，按所占注册资本份额的部分确认实收资本或股本入账，超过所占份额的部分计入资本公积。增值税的涉税问题也可参考接受固定资产投资的增值税处理方法解决，下面通过案例来学习。

实务案例 公司接受土地使用权作价投资的账务处理

某房地产开发企业在成立之初，收到丁公司作为资本投入的土地使用权一项，投资合同约定该使用权价值为 600.00 亿元，与其公允价值相符，由丁公司支付增值税税款并开具增值税专用发票，税额为 36.00 亿元。经约定，房地产开发企业接受丁公司的投入资本为 636.00 亿元，全部作为实收资本。不考虑其他因素，房地产开发企业应编制如下会计分录：

借：无形资产——土地使用权　　　　　　　　60 000 000 000.00

　　应交税费——应交增值税（进项税额）　　3 600 000 000.00

　　贷：实收资本——丁公司　　　　　　　　　63 600 000 000.00

3.2　采购生产用料需要处理的账务

新设立的生产性企业，必然需要采购生产用料才能生产出产品以备出售，从而获取收益，支撑公司继续往前发展。当公司采购生产用料时，也必须及时准确地记录账目，它关系着公司经营成本的核算。

3.2.1　采购原材料的账务及涉税处理

通常，原材料按实际成本核算其收入、发出和结存情况，涉及的会计科目有"原材料"和"在途物资"等。"原材料"科目的借方、贷方和余额均以实际成本计价，因此不存在成本差异的计算与结转问题。

"原材料"科目用于核算企业库存各种材料的收入、发出与结存情况，借方登记入库材料的实际成本，贷方登记发出材料的实际成本，期末余额一般在借方，反映企业库存材料的实际成本。

"在途物资"科目用于核算企业按实际成本进行材料或商品等物资的日常核算和价款已付但尚未验收入库的各种物资(即在途物资)的采购成本。借方登记企业购入的在途物资的实际成本，贷方登记验收入库的在途物资的实际成本，期末余额一般在借方，反映企业尚未验收入库的在途物资的采购成本。

下面先来看一个比较常见的及时支付采购货款的材料采购案例，了解其账务处理。

📌 **实务案例** 购入原材料当天支付货款

甲公司购入一批 A 原材料，当天收到销售方开具的增值税专用发票，注明价款 120 000.00 元，增值税税额 15 600.00 元，款项已用银行存款支付，且当天材料验收入库。该公司为增值税一般纳税人，采用实际成本进行材料日常核算，会计人员需编制如下会计分录：

借：原材料——A 材料　　　　　　　　　　120 000.00

应交税费——应交增值税（进项税额）　　 15 600.00

贷：银行存款　　　　　　　　　　　　　　　 135 600.00

如果该案例中当天没有将该批材料验收入库，而是还在运输途中，则需要编制的会计分录就会不同。

借：在途物资——A 材料　　　　　　　　　120 000.00

应交税费——应交增值税（进项税额）　　 15 600.00

贷：银行存款　　　　　　　　　　　　　　　 135 600.00

3.2.2　增值税进项税额与销项税额的核算

增值税进项税额指纳税人当期购进货物或应税劳务缴纳的增值税税额；增值税销项税额指纳税人销售货物或提供应税劳务，按照销售额和规定税率计算并向购买方收取的增值税税额。两者的计算公式如下：

进项税额 = 外购原料、燃料和动力的价款 × 适用税率

销项税额 = 销售额 ÷ 组成计税价格 × 适用税率

计算比较简单，关键是要准确确定外购原料、燃料和动力的价款，以及销售额或组成计税价格。

无论是增值税进项税额还是销项税额，核算时均使用"应交税费"科目，并带明细科目"应交增值税（进项税额）"和"应交增值税（销项税额）"。

下面通过案例来具体了解。

实务案例 采购环节的进项税额和销售环节的销项税额处理

乙公司购入一批 B 材料，收到销售方开具的增值税专用发票，注明价款 80 000.00 元（不含税），增值税税率 13%。已知当天还售出一批产品，总价款 230 000.00 元（不含税），向购买方开出增值税专用发票，增值税税率为 13%。当天发生的这两项经济业务的款项均还未结算，但材料已验收入库，产品也已发出，会计人员需要做的账务处理如下所示：

①购入原材料，做入库处理。

增值税进项税额 =80 000.00×13%=10 400.00（元）

借：原材料——B 材料	80 000.00
应交税费——应交增值税（进项税额）	10 400.00
贷：应付账款	90 400.00

②出售产品确认销售收入。

增值税销项税额 =230 000.00×13%=29 900.00（元）

借：应收账款	259 900.00
贷：主营业务收入	230 000.00
应交税费——应交增值税（销项税额）	29 900.00

3.2.3　采用计划成本如何做材料购入账务

当材料采用计划成本核算时，材料的收入、发出和结存均需按照计划成本计价，涉及的会计科目有"原材料""材料采购"和"材料成本差异"等。这时，"原材料"科目的使用与采用实际成本核算材料收发存不同。

"原材料"科目用于核算库存各种材料的收入、发出与结存情况，借方登记入库材料的计划成本，贷方登记发出材料的计划成本，期末余额在借方，反映企业库存材料的计划成本。也就是说，无论是收入还是发出、结存，"原材料"科目核算的都是材料的计划成本。

"材料采购"科目借方登记采购材料的实际成本，贷方登记入库材料的实际成本，当借方大于贷方时表示超支，将差额从"材料采购"科目贷方转入"材料成本差异"科目的借方；当借方小于贷方时表示节约，将差额从"材料采购"科目借方转入"材料成本差异"科目的贷方。期末一般为借方余额，反映企业在途材料的实际采购成本。

"材料成本差异"科目反映企业已经入库的各种材料的实际成本与计划成本的差异，借方登记超支差和发出材料应负担的节约差；贷方登记节约差和发出材料应负担的超支差。期末如果是借方余额，反映企业库存材料的实际成本大于计划成本，即超支差；如果是贷方余额，反映企业库存材料的实际成本小于计划成本，即节约差。

下面先来看一个简单的例子，学习如何采用计划成本核算材料收发存。

实务案例 购入材料货款已付且材料已验收入库

乙公司为增值税一般纳税人，购入一批原材料，收到对方开具的增值税专用发票上注明价款250 000.00元（不含税），税率13%，增值税税额32 500.00元。已知公司对该批材料的计划成本为255 000.00元，材料当天已验收入库，货款以银行存款支付。公司采用计划成本进行材料日常核算，会计人员对该经济业务应编制如下会计分录：

借：材料采购——×× 材料　　　　　　　　　　250 000.00

　　应交税费——应交增值税（进项税额）　　　32 500.00

　　贷：银行存款　　　　　　　　　　　　　　　282 500.00

因实际采购成本与计划成本有差异，且实际成本比计划成本少5 000.00元，表现为节约差，所以需要同时编制如下会计分录：

　　借：原材料——×× 材料　　　　　　　　　　　　255 000.00

　　　　贷：材料采购——×× 材料　　　　　　　　　　250 000.00

　　　　材料成本差异——×× 材料　　　　　　　　　　5 000.00

如果该案例中采购材料当天材料还未验收入库，但货款已付，则只需编制第一个会计分录，待到材料验收入库时再编制第二个会计分录。如果当天材料已经验收入库，但货款尚未支付，则仍需同时编制两个会计分录，但第一个会计分录中的贷方科目不再是"银行存款"，而应是"应付账款"或"应付票据"科目。

📎 **知识贴士** 采购材料时没有及时收到发票的处理

　　如果企业在采购原材料的当天没有收到对方开具的增值税专用发票，则当天无法核算增值税，只能做暂估入账处理，编制会计分录如下：

借：原材料

　　贷：应付账款——暂估应付账款

下月初用红字冲销原暂估入账金额，编制完全相同的会计分录。待到实际收到对方开具的增值税发票时，再正常做账。

3.2.4　购置厂房的账务及涉税处理

　　购置厂房属于外购固定资产的经济业务，对经营中的生产性企业来说，外购厂房、外购生产设备等都是非常有必要的，这也是为产品生产所做的准备工作。

　　企业外购的固定资产，应按实际支付的购买价款、相关税费以及固定资产达到预定可使用状态前所发生的可归属于该项资产的运输费、装卸费、安装费和专业人员服务费等，作为固定资产的取得成本。但要注意，"相关税费"不包括按现行增值税制度规定的可从销项税额中抵扣的增值税进项税额。

外购厂房一般可直接使用，外购时按支付的购买价款，借记"固定资产——厂房"科目；按取得的增值税专用发票上注明的税额，借记"应交税费——应交增值税（进项税额）"科目；贷记"银行存款"或"应付账款"科目。

___✒ 实务案例 购置厂房也需要做账务处理

某新设立企业为经营需要购入一栋厂房，价值 400.00 万元，取得增值税专用发票上注明税率 9%，增值税税额 36.00 万元，所有款项均已用银行存款支付，厂房立即可投入使用。甲公司为增值税一般纳税人，财会人员根据发票应做如下账务处理：

借：固定资产——厂房 4 000 000.00

应交税费——应交增值税（进项税额） 360 000.00

贷：银行存款 4 360 000.00

注意，按照增值税新规的规定，外购固定资产涉及的可以抵扣的增值税进项税额不再分两年抵扣，应在购入当期全额抵扣。

3.2.5 采购活动中预先付款怎么做账

采购活动中预先支付的款项一般通过"预付账款"科目进行核算。预付账款指企业按照合同规定预付的款项。该科目借方登记预付的款项和补付的款项，贷方登记收到所购物资时根据有关发票账单计入"原材料"等科目的金额和收回多付款项的金额。期末余额若在借方，反映企业实际预付的款项；若在贷方，则反映企业应付或应补付的款项。

如果企业预付款项的情况不多，可不用单独设置"预付账款"科目，而将预付的款项通过"应付账款"科目核算。实际预付款项时，借记"应付账款"，表示冲减应付账款。

企业根据购货合同的规定向供应商预付货款时，借记"预付账款"科目，贷记"银行存款"科目；收到所购物资时按应计入购买物资成本的金额，借记"材料采购"或"原材料""库存商品"等科目，并按所取得的增值税专用发票上注明的税额，借记"应交税费——应交增值税（进项税额）"科目，贷记"预付账款"科目。注意，此时的"预付账款"科目对应所购物资的全部价款，而不是事先预付款项的金额。

当预付的款项小于采购货物所需支付的款项，即第二个会计分录中贷方的"预付账款"大于第一个会计分录中借方的"预付账款"时，应将剩余未付款项补足，按补付金额借记"预付账款"科目，贷记"银行存款"科目；反之，应收回多预付的款项，按收回金额借记"银行存款"科目，贷记"预付账款"科目。

实务案例 预付货款的一系列账务处理

丙公司为增值税一般纳税人，向某供应商采购一批原材料，按照合同的规定，丙公司所需支付的价款总额为 126 000.00 元（不含税），且需要预付 60% 的货款，验收货物后补付其余款项。5 天后，丙公司收到所购原材料并验收入库，同时收到供应商开具的增值税专用发票注明价款 126 000.00 元，税率 13%，增值税税额 16 380.00 元，当天以银行存款补付所欠款项。相关账务处理如下：

①预付 60% 的货款。

60% 的货款 =60%×126 000.00=75 600.00（元）

借：预付账款——×× 公司   75 600.00

  贷：银行存款   75 600.00

②收到所购货物并补付货款。

需要补付的货款 =126 000.00+16 380.00-75 600.00=66 780.00（元）

借：原材料——×× 材料   126 000.00

应交税费——应交增值税（进项税额）	16 380.00	
贷：预付账款——××公司	142 380.00	
借：预付账款——××公司	66 780.00	
贷：银行存款	66 780.00	

3.2.6　采购工程物资的账务处理

前面介绍的外购厂房一般是指购入即可投入使用的厂房，而有时企业会自行组织厂房的修建。如果企业自行修建或将厂房的修建工作外包给其他建造承包商修建，就需要用到"在建工程"科目，待工程达到预定可使用状态时，再从"在建工程"科目转入"固定资产"科目。

本小节主要学习由企业自行组织工程物资采购、自行组织施工人员施工的厂房修建活动及其账务处理。购入修建厂房所需要的工程物资时，按收到的增值税专用发票上注明的价款，借记"工程物资"科目，按注明的税额，借记"应交税费——应交增值税（进项税额）"科目，按实际支付或应付的金额，贷记"银行存款"或"应付账款"科目。注意，这里发生的增值税进项税额也在发生当期全额抵扣，不再分两年抵扣。

领用工程物资时，按领用物资对应的成本，借记"在建工程"科目，贷记"工程物资"科目。如果修建厂房时领用的是企业生产产品的原材料，则借记"在建工程"科目，贷记"原材料"科目。如果领用的是本企业的产成品，则借记"在建工程"科目，贷记"库存商品"科目。

修建厂房过程中发生的其他费用，如支付修建过程中发生的水电费、工程人员薪酬等，借记"在建工程"科目，贷记"银行存款"或"应付职工薪酬"等科目。

当厂房修建完成并达到预定可使用状态时，按其入账成本，借记"固定资产"科目，贷记"在建工程"科目。

📌 **实务案例** 自建厂房时关于工程物资的核算

乙公司是一般纳税人，20×2 年 1 月 1 日起自行建造一栋厂房，当天购入一批工程物资，总价值 170.00 万元（不含税），收到增值税专用发票上注明税率 13%，税额 22.10 万元。20×3 年年初，该厂房达到预定可使用状态。已知修建过程中，所购买的工程物资全部用于该厂房的建设，同时还领用了一些本企业生产的水泥，实际成本 35.00 万元，对应的增值税为 45 500.00 元；向施工工人支付工资 52.00 万元；另支付其他费用 33 000.00 元，并取得增值税专用发票，税率 9%。所有款项均按时支付，相关账务处理如下：

① 20×2 年 1 月 1 日购入工程物资。

借：工程物资	1 700 000.00	
应交税费——应交增值税（进项税额）	221 000.00	
贷：银行存款		1 921 000.00

② 修建过程中工程物资被全部领用。

借：在建工程	1 700 000.00	
贷：工程物资		1 700 000.00

③ 修建过程中领用本企业生产的水泥。

借：在建工程	350 000.00	
贷：库存商品——水泥		350 000.00
借：应交税费——应交增值税	45 500.00	
贷：应交税费——应交增值税（进项税额转出）		45 500.00

④ 核算并支付施工工人工资。

借：在建工程	520 000.00	
贷：应付职工薪酬		520 000.00
借：应付职工薪酬	520 000.00	
贷：银行存款		520 000.00

⑤支付修建厂房过程中发生的其他费用。

增值税进项税额 =33 000.00×9%=2 970.00（元）

借：在建工程   33 000.00

      应交税费——应交增值税（进项税额）   2 970.00

    贷：银行存款   35 970.00

⑥厂房修建完工并达到预定可使用状态。

固定资产的入账成本 =1 700 000.00+350 000.00+520 000.00+33 000.00= 2 603 000.00（元）

借：固定资产——厂房   2 603 000.00

    贷：在建工程   2 603 000.00

案例中的第①和第②步就是自建厂房时关于工程物资的核算，包括购入和领用工程物资的账务。而后面步骤则是厂房修建全过程中的账务处理，这里一并讲解，目的是便于财务人员系统学习自建厂房的账务处理。

实务答疑

问：怎么核算计划成本法下的超支差和节约差？

答：在本章 3.2.3 节中有涉及超支差和节约差，案例中是直接已知了实际成本和计划成本的，因此很容易就能核算出超支差或是节约差。但如果实务中无法直接获取实际成本的经济数据，又该怎么办呢？主要用到的计算公式如下：

本期材料成本差异率=（期初结存材料的成本差异＋本期验收入库材料的成本差异）÷（期初结存材料的计划成本＋本期验收入库材料的计划成本）×100%

发出材料应负担的成本差异 = 发出材料的计划成本 × 本期材料成本差异率

在这个计算公式中，如果成本差异表现为节约差，计算时用负号"–"表示。计算得出的本期材料成本差异率若为正数，则表示超支差异率，对应的发出材料应负担的成本差异就是超支差；若本期材料成本差异率为负数，则表示节约差异率，对应的发出材料应负担的成本差异就是节约差。当然，如果企业的材料成本差异率各期之间非常均衡，也可直接用期初材料成本差异率分摊本期的材料成本差异，年度终了时再对材料成本差异率进行核实调整，相关计算公式如下：

期初材料成本差异率＝期初结存材料的成本差异 ÷ 期初结存材料的计划成本 ×100%

发出材料应负担的成本差异＝发出材料的计划成本 × 期初材料成本差异率

问：外购生产设备的账务处理与外购厂房一样吗?

答： 外购生产设备的账务处理只能说与外购厂房相似，但有明显不同之处。企业外购生产设备时，除了增值税的税率要按照外购材料、物资的 13% 来计算外，还需要考虑外购生产设备是否需要安装才能投入使用。如果不需要安装，则账务处理可参照外购厂房的账务处理，直接借记"固定资产"和"应交税费——应交增值税（进项税额）"等科目，贷记"银行存款"或"应付账款"科目。如果需要安装，则账务处理就要参考自建厂房的账务处理，首先将外购生产设备所发生的全部价款和相关费用计入"在建工程"科目，然后将发生的安装费和其他服务费等也计入"在建工程"科目，待生产设备安装完毕并达到预定可使用状态时，再从"在建工程"科目转入"固定资产"科目。

问：增值税进项税额的抵扣还需要认证发票吗?

答： 增值税专用发票要进行进项税额抵扣，还是必须办理发票认证手续。只不过以前是到主管税务机关的营业大厅办理，现在企业的办税人员可直接在网上办理发票认证，简便、快捷。

第 4 章

生产用料及销售活动的账务处理

　　新设立的生产性企业，购入的原材料必然被领用来生产待售产品，这样才会有后续的销售活动。生产用料时材料的出库与使用都会涉及账务处理，必须仔细做账。而销售活动则直接关系到企业是否能获取收益，进而为自己积累长远发展的资金，使企业不断发展壮大，因此该环节的账务处理也是会计人员工作的重点。

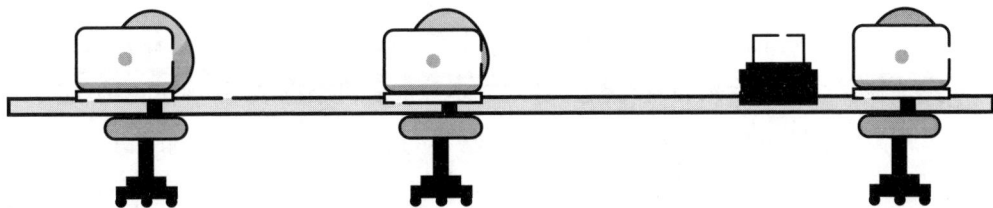

4.1 生产活动中用料的账务

生产性企业的主要经营活动就是生产产品，新公司也不例外。生产产品必然要领用材料，为了准确核算材料的领用情况，财会人员必须认真做账。

4.1.1 原材料直接用于生产活动要确认生产成本

实务中，大多数原材料都直接用于企业的生产活动，最终形成完工产品。采用实际成本对材料进行日常核算时，企业领用原材料用于产品生产时，借记"生产成本"科目，贷记"原材料"科目。如果企业的生产车间还区分基本生产车间和辅助生产车间，则借记科目应做好区分，如"生产成本——基本生产成本"和"生产成本——辅助生产成本"科目。

实务案例 各生产车间生产产品领用原材料的账务处理

甲公司为一般纳税人，根据财会部门编制的"发料凭证汇总表"的记录可知，2月A材料的消耗为：基本生产车间领用价值33.00万元的材料，辅助生产车间领用13.50万元的材料。该公司以实际成本对材料进行日常核算，当月材料的领用应编制如下会计分录：

借：生产成本——基本生产成本　　　　　　330 000.00

　　　　　　——辅助生产成本　　　　　　135 000.00

　　贷：原材料——××材料　　　　　　　465 000.00

实际工作中，财会人员为了简化核算，通常在月末时根据领料单编制当月的"发料凭证汇总表"，以此为依据结转发出材料的成本。

如果企业采用计划成本对材料进行日常核算，则案例中的会计分录各会计科目对应的金额将是材料的计划成本；最后再根据领用材料的实际成本，分别按照对应的成本差异结转发出材料的成本差异，会计分录如下：

借：材料成本差异——××材料

贷：生产成本——基本生产成本

——辅助生产成本

4.1.2 生产时领用包装物的账务

包装物是企业的周转材料，指为了包装本企业产品或商品而储备的各种包装容器，如桶、箱、罐、瓶、坛和袋。按照其用途的不同，主要分为如下四类：

◆ 生产过程中用于包装产品并作为产品组成部分的包装物。

◆ 随同商品出售而不单独计价的包装物。

◆ 随同商品出售且单独计价的包装物。

◆ 出租或出借给购买单位使用的包装物。

很显然，生产时领用包装物属于上述情形的第一种。这种情况下，包装物成本计入产品成本进行核算。

为了反映和监督包装物的使用、价值耗损以及结存等情况，企业应设置"周转材料——包装物"科目进行核算，借方登记包装物的增加，贷方登记包装物的减少，期末余额一般在借方，反映企业期末结存包装物的价值。

生产时领用包装物，应根据领用包装物的实际成本，借记"生产成本"科目，贷记"周转材料——包装物"科目。如果采用计划成本核算，且表现为超支差，则贷方还应记录"材料成本差异"科目；若表现为节约差，则借方还应记录"材料成本差异"科目。

实务案例 采用实际成本法核算生产领用的包装物

乙公司为一般纳税人，采用实际成本法核算包装物。2月生产产品领用包装物 11.80 万元，会计人员应编制如下会计分录：

借：生产成本　　　　　　　　　　　　　　118 000.00

　　贷：周转材料——包装物　　　　　　　　　118 000.00

如果该公司采用计划成本核算包装物，且 2 月领用包装物的材料成本差异率为 −2.5%，11.80 万元是计划成本，则表示领用的包装物存在节约差，应编制如下会计分录：

领用包装物的成本差异 =118 000.00×（−2.5%）=−2 950.00（元）

领用包装物的实际成本 =118 000.00−2 950.00=115 050.00（元）

借：生产成本　　　　　　　　　　　　　　115 050.00

　　材料成本差异　　　　　　　　　　　　　2 950.00

　　贷：周转材料——包装物　　　　　　　　　118 000.00

知识贴士 出租给购买单位使用的包装物的账务处理

如果企业将自己的包装物出租给产品购买单位使用，最后会收回包装物，则此时企业需要按照收取的费用，确认其他业务收入；但因为包装物最终会收回，所以不需要结转其他业务成本。借记"银行存款"或"应收账款"等科目，贷记"其他业务收入——出租包装物"科目，如果收到了租入单位开具的发票，则还应贷记"应交税费——应交增值税（销项税额）"科目。

关于随同商品出售而不单独计价的包装物和随同商品出售且单独计价的包装物的账务处理，将在本章 4.3.2 节作详细介绍，这里暂不说明。

4.1.3　原材料用于其他部门经营活动怎么做账

实际经营过程中，企业内部的其他部门也有可能领用原材料作他用。此时原材料因为改变了其原来的生产产品的用途，因此需要做的账务处理就与直接用于生产产品不同。在核算时需要区分具体的职能部门，然后做对应的账务处理。

①财务部、人事部和行政部等行政管理部门若领用原材料，应按领用材料的实际成本，借记"管理费用"科目，贷记"原材料"科目。如果采用计划成本核算，且存在材料成本差异，则还需按材料成本差异金额借记或贷记"材料成本差异"科目。

②销售部门若领用原材料，应按领用材料的实际成本，借记"销售费用"科目，贷记"原材料"科目。如果采用计划成本核算，且存在材料成本差异，则还需按材料成本差异金额借记或贷记"材料成本差异"科目。

③车间管理部门若领用原材料，应按领用材料的实际成本，借记"制造费用"科目，贷记"原材料"科目。如果采用计划成本核算，且存在材料成本差异，则还需按材料成本差异金额借记或贷记"材料成本差异"科目。

实务案例 各职能部门领用企业原材料的账务处理

丙公司为一般纳税人，根据2月的"发料凭证汇总表"可知，当月管理部门领用B原材料共130.00元，销售部门领用B原材料共70.00元，车间管理部门领用B原材料共890.00元。公司采用实际成本对B材料进行日常核算，会计人员需要对各职能部门领用B材料进行如下账务处理：

借：管理费用   130.00
    销售费用   70.00
    制造费用   890.00
  贷：原材料——B材料   1 090.00

如果丙公司采用计划成本对B材料进行日常核算，且该批材料存在超支差，则还需按照各种费用对应的超支额编制如下会计分录：

借：管理费用
    销售费用
    制造费用

贷：材料成本差异——B材料

如果存在节约差，还需要编制的会计分录如下：

借：材料成本差异——B材料

　　贷：管理费用

　　　　销售费用

　　　　制造费用

> **知识贴士** 对外出售原材料的账务处理

如果企业直接对外出售原材料，一方面需要确认其他业务收入，另一方面还要结转销售成本，即其他业务成本。相关会计分录如下所示：

借：银行存款	按价税合计
贷：主营业务收入	按销售价款
应交税费——应交增值税（进项税额转出）	按原材料对应的增值税
借：主营业务成本	按原材料实际成本
贷：原材料——××材料	按原材料实际成本

4.1.4　领用低值易耗品的账务怎么处理

低值易耗品也属于企业的周转材料，通过"周转材料"科目进行核算。低值易耗品通常指生产经营用的一般工具、专用工具、替换设备、管理用具、劳动保护用品和其他用具等。那么究竟什么是低值易耗品呢？

低值易耗品指单项价值在规定限额以下且使用期限不满一年，能多次使用而基本保持其实物形态的劳动资料。一般来说，低值易耗品按照使用次数分次计入成本费用，即分次摊销法；如果低值易耗品的金额较小，则可在领用时一次计入成本费用，即一次摊销法。

为了详细反映和监督低值易耗品的使用及结存情况，企业需设置"周转材料——低值易耗品"科目进行核算，借方登记低值易耗品的增加，贷方登记低值易耗品的减少，期末余额一般在借方，反映企业期末结存低值易耗品的价值。

采用一次摊销法核算领用低值易耗品账务时，直接按照其用途，借记"制造费用""管理费用"或"销售费用"等科目，贷记"周转材料——低值易耗品"科目。

采用分次摊销法核算领用低值易耗品时，账务处理比较复杂。此时需要计算摊销期账面价值的单次平均摊销额。该摊销方法下需要单独设置"周转材料——低值易耗品——在用""周转材料——低值易耗品——在库"和"周转材料——低值易耗品——摊销"科目。下面通过一个具体案例来学习这种摊销方法下的领用低值易耗品的账务处理。

实务案例 用分次摊销法核算低值易耗品的领用情况

甲公司为一般纳税人，规定采用实际成本对低值易耗品进行日常核算。2月基本生产车间领用专用工具一批，其实际成本为4 000.00元，采用分次摊销法进行摊销。已知该批专用工具预计使用次数为5次，相关账务处理如下：

①2月基本生产车间领用专用工具。

借：周转材料——低值易耗品——在用　　　　　4 000.00

　　贷：周转材料——低值易耗品——在库　　　　　　4 000.00

②2月领用时摊销其价值的1/5。

单次平均摊销额 =4 000.00÷5=800.00（元）

借：制造费用　　　　　　　　　　　　　　　800.00

　　贷：周转材料——低值易耗品——摊销　　　　　　800.00

以后每次领用时都编制相同的会计分录。

③在最后一次领用时，除了要编制第②步会计分录，还需同时编制如下会计分录来冲账：

借：周转材料——低值易耗品——摊销   4 000.00

  贷：周转材料——低值易耗品——在用   4 000.00

如果采用计划成本对低值易耗品进行日常核算，则该案例中第①和第②步中的会计分录不变，且金额也不变。但是第③步中还应按照材料成本差异金额，编制如下会计分录或其相反分录：

借：制造费用

  贷：材料成本差异——低值易耗品

或

借：材料成本差异——低值易耗品

  贷：制造费用

4.2 产品成本的归集与分配处理

无论是新公司还是存续中的企业，发生的生产费用，能确定由某一成本核算对象负担的，应按照对应的产品成本项目类别，直接计入产品成本核算对象的生产成本；由几个成本核算对象共同负担的，应选择合理的分配标准分配计入。

产品成本的归集就是将发生的生产费用按照不同的费用类目进行归集，而分配就是将这些费用类目按照成本核算对象进行合理的分配。实际工作中，产品成本的归集与分配工作是比较复杂的，所以有专门的会计人员负责。

4.2.1 生产工人和车间管理员的工资要计入生产成本中

生产工人的工资属于计入生产成本的直接人工耗费，而车间管理员的工资则属于间接分配到生产成本中的人工耗费。而向其他职能部门员工支付的工资将按一定的方式进行合理分配，并计入各有关成本的"直接人工"项目。

📌 **实务案例** 车间工人的工资计入生产成本

经过会计人员的统计，甲公司2月应支付给生产车间的生产工人工资共16.50万元，其中基本生产车间工人工资10.80万元，辅助生产车间工人工资5.70万元；支付给生产车间管理人员的工资共4.80万元。需要编制的会计分录如下：

借：生产成本——基本生产成本　　　　　108 000.00

　　　　　　——辅助生产成本　　　　　57 000.00

　　制造费用　　　　　　　　　　　　　48 000.00

　　贷：应付职工薪酬——工资　　　　　　213 000.00

从案例的账务处理可知，车间生产工人的工资直接计入"生产成本"科目，但车间管理人员的工资计入了"制造费用"科目，并没有计入生产成本，那么为什么说车间工人的工资计入生产成本呢？通常，月末时会计人员会将"制造费用"科目的余额转入"生产成本"中，因此也就相当于车间管理人员的工资计入了生产成本。

而实际支付工资时，还需结合公司为员工代扣代缴的社保和住房公积金个人部分，所以实际支付的工资数额将不是应支付数额。会计分录如下：

借：应付职工薪酬——工资　　　　　　　213 000.00

　　贷：其他应收款——社保（个人部分）　　×××

　　　　　　　　——住房公积金（个人部分）　×××

　　　　银行存款　　　　　　　　　　　　×××

4.2.2 制成产成品要确认库存商品

通过 4.1 节的内容我们已经知道了原材料直接用于生产产品的耗费直接计入生产成本，不仅如此，生产工人的工资及其他需要分配计入产品生产成本的制造费用等，都先归集到生产成本中，然后在产品生产完成后，由"生产成本"科目转入"库存商品"科目。

实务案例 产品生产完工要转为库存商品

经统计，乙公司 2 月生产的某种产品全部完工，材料在月初时一次性投入，且月初没有在产品。已知当月投入材料的成本共 14.20 万元，生产该产品对应的直接人工成本共 15.76 万元，需分配计入该产品生产成本的制造费用有 6.58 万元。关于该产品成本核算的账务如下：

①发生的成本和费用先全部计入该产品的生产成本中。

借：生产成本   299 600.00

  贷：应付职工薪酬——工资   157 600.00

    原材料   142 000.00

借：生产成本   65 800.00

  贷：制造费用   65 800.00

②产品完工确认库存商品。

该批产品的入账成本 =299 600.00+65 800.00=365 400.00（元）

借：库存商品——×× 产品   365 400.00

  贷：生产成本   365 400.00

实务中很少会出现案例中这么理想的生产状态。很多时候月末都会有在产品存在。此时，产品成本的归集和分配就会更加复杂，在产品必须采用合理的方法确定其分配成本的具体产量。

4.2.3 同时存在产成品和在产品的成本核算处理

在对产成品和在产品进行成本核算时，最关键的是要确定在产品数量。在产品是指没有完成全部生产过程、不能作为商品销售的产品，包括正在车间加工中的在产品和已经完成一个或几个生产步骤但还需要继续加工的半成品。

每月月末，当"生产成本"明细账中按照成本项目归集了本月生产成本后，这些成本是当月发生的总生产成本，并不是当月完工产品（即产成品）的成本，因为其中还包括发生在在产品上的生产成本。通过下面一个计算公式就可以反映某种产品的完工产品和在产品之间的成本关系。

当月完工产品成本＝当月发生的生产成本＋月初在产品成本－月末在产品成本

而如何确定月末在产品成本呢？这就涉及产成品与在产品的成本分配了。常用的方法见表4-1。

表4-1 七种成本分配方法

分配方法	操 作	适用范围
不计算在产品成本法	虽然月末有在产品，但不计算其成本	各月末在产品数量很小的产品
在产品按固定成本计价法	各月末在产品的成本固定不变，某种产品当月发生的生产成本就是当月完工产品的成本。但年末时应根据实际盘点的在产品数量，具体计算在产品成本	月末在产品数量较多，但各月变化不大的产品，或月末在产品数量很小的产品
在产品按所耗直接材料成本计价法	月末在产品只计算其耗用的直接材料成本，不计算直接人工等加工成本。即产品的直接材料成本需要在完工产品和月末在产品之间进行分配，而加工成本全部由完工产品成本负担	各月末在产品数量较多，各月在产品数量变化较大，直接材料成本在生产成本中所占比重较大且材料在生产开始时一次性全部投入的产品

分配方法	操　作	适用范围
约当产量比例法	将月末在产品数量按其完工程度折算为相当于完工产品的产量，即约当产量，然后将产品应负担的全部成本按照完工产品数量和月末在产品约当产量的比例分配计算完工产品成本和月末在产品成本	产品数量较多，各月在产品数量变化较大，且生产成本中直接材料成本和直接人工等加工成本的比重相差不大的产品
在产品按定额成本计价法	月末在产品成本按定额成本计算，该种产品的全部成本减去按定额成本计算的月末在产品成本，余额为完工产品成本；每月生产成本脱离定额的节约差异或超支差异全部计入当月完工产品成本 注意，该方法是事先经过调查研究、技术测定或按定额资料，对各加工阶段上的在产品直接确定一个单位定额成本	各项消耗定额或成本定额比较准确、稳定，且各月在产品数量变化不大的产品
定额比例法	产品的生产成本在完工产品和月末在产品之间按照两者的定额消耗量或定额成本比例分配	各项消耗定额或成本定额比较准确、稳定，但各月月末在产品数量变动较大的产品
在产品按完工产品成本计价法	将在产品视同完工产品计算、分配生产费用	月末在产品已接近完工，或产品已经加工完毕但尚未验收或包装入库的产品

　　由表 4-1 可看出，每一种方法的使用都存在一定的局限性，要么要求月末在产品数量较小，要么要求直接材料成本在生产成本中所占比重较大且材料在生产开始时一次性全部投入，或者要求月末在产品已接近完工等，还有一些则需要提前测定单位定额成本、定额消耗量，使用起来既不方便，也比较复杂。

　　实务中使用较多的是约当产量比例法，下面就来看一个具体的案例进行详细学习。

📌 **实务案例** 采用约当产量比例法分配完工产品和在产品成本

经相关人员统计，丙公司 2 月生产的某种产品，完工产品有 1 200 件，在产品有 500 件，且完工程度按平均 50% 计算。已知生产该产品时所用的材料在开始生产时就一次性投入，其他成本按约当产量比例分配。

该产品的月初在产品成本有 6 700.00 元，直接投入材料成本共 14.20 万元，直接人工成本 8.50 万元，制造费用 5.80 万元。产品成本的分配与账务处理如下：

①分配直接材料成本。

由于材料在开始生产时就一次性投入，因此直接材料成本应按完工产品和在产品的实际数量的比例进行分配，不必采用约当产量。

完工产品应负担的直接材料成本 =142 000.00 ÷（1 200+500）× 1 200

=100 235.29（元）

在产品应负担的直接材料成本 =142 000.00 ÷（1 200+500）× 500

=41 764.71（元）

②分配直接人工成本。

直接人工成本和制造费用均按约当产量比例分配。

在产品约当产量 =500 × 50%=250（件）

完工产品应负担的直接人工成本 =85 000.00 ÷（1 200+250）× 1 200

=70 344.83（元）

在产品应负担的直接人工成本 =85 000.00 ÷（1 200+250）× 250

=14 655.17（元）

③分配制造费用。

完工产品应负担的制造费用 =58 000.00 ÷（1 200+250）× 1 200

=48 000.00（元）

在产品应负担的制造费用 =58 000.00 ÷（1 200+250）× 250

=10 000.00（元）

④汇总完工产品和在产品的成本。

当月完工产品成本 =100 235.29+70 344.83+48 000.00=218 580.12（元）

当月在产品成本 =41 764.71+14 655.17+10 000.00=66 419.88（元）

⑤月末将完工产品验收入库。

借：库存商品——××产品   218 580.12

  贷：生产成本——基本生产成本   218 580.12

该案例中第④步计算得出的当月在产品成本，即月末在产品成本，实务中将该部分在产品成本转入下月，继续生产，最终转入下月的完工产品成本中。换句话说，当月月末在产品成本就是下月月初在产品成本。

以上就是企业生产过程中常见的成本的归集与分配工作。

4.3 销售活动需要做什么账

销售活动是为了销售产品或商品而开展的一系列经营活动，企业只有通过销售活动才能获取收益，从而积累资金，以便日后长远发展。这一环节涉及很多收入的确认和成本的结转，会计人员必须掌握其中的账务处理。

4.3.1 销售商品的账务及涉税处理

常规的销售商品行为，一般都是按原价售出商品，同时对外开具增值税发票。而该经济行为发生时是否需要确认销售收入，则要看商品所有权上的主要风险和报酬是否已经转移给购货方，如果已经转移，则确认收入；如果没有转移，则暂不确认收入。

下面从一般销售商品业务和已经发出商品但不符合收入确认条件这两个方面介绍各自的账务处理和增值税税务。

（1）一般销售商品业务

一般销售商品业务时，销售商品满足收入确认条件，按照已收或应收合同或协议价款的公允价值确定销售商品收入的金额，通过"主营业务收入"科目核算；同时还要结转相关销售成本，通过"主营业务成本"科目核算。

实务案例 售出商品确认销售收入的账务处理

甲公司向丙公司销售一批产品，开出一张增值税专用发票，并注明不含税售价 42.30 万元，增值税税额 54 990.00 元。已知丙公司当天就自行运货并验收入库，用银行存款将货款付讫，该批产品的成本共 31.20 万元。甲公司应做的账务处理如下：

①确认销售收入。

借：银行存款 477 990.00

 贷：主营业务收入 423 000.00

  应交税费——应交增值税（销项税额） 54 990.00

②结转销售成本。

借：主营业务成本 312 000.00

 贷：库存商品——×× 产品 312 000.00

（2）已经发出商品但不符合收入确认条件

如果企业售出商品不符合销售商品收入确认条件，则不应确认收入。而此时为了单独反映已经发出但尚未确认销售收入的商品成本，企业应增设"发出商品"科目。

需要注意的是，虽然发出的商品不符合收入确认条件，但如果销售该商品的纳税义务已经发生，比如已经开出增值税专用发票，则应确认应交的增值税销项税额，借记"应收账款"科目，贷记"应交税费——应交增值税（销项税额）"科目；如果采用简易计税方法，则贷记"应交税费——简易计税"科目。

📌 **实务案例** 售出商品暂不符合收入确认条件的账务处理

丙公司在 3 月 3 日向某公司销售一批商品，开出增值税专用发票，注明不含税价款 15.20 万元，增值税税额 19 760.00 元。该批商品成本为 12.44 万元，丙公司在销售该批商品时已经知晓乙公司资金暂时无法周转，但为了减少库存挤压，也为了维护与乙公司的合作关系，丙公司依然发出商品。相关账务处理如下：

①发出商品时，按照实际成本确认。

借：发出商品　　　　　　　　　　　　　　124 400.00

　　贷：库存商品　　　　　　　　　　　　　　　124 400.00

②纳税义务已经发生，确认增值税销项税额。

借：应收账款　　　　　　　　　　　　　　19 760.00

　　贷：应交税费——应交增值税（销项税额）　19 760.00

假设一个月后，丙公司得知乙公司经营情况逐渐转好，且乙公司承诺近期付款，则丙公司应在乙公司承诺付款时确认销售收入并结转销售成本。假设乙公司承诺付款时间为 4 月 2 日，则当天丙公司财会人员应编制如下会计分录：

借：应收账款　　　　　　　　　　　　　　152 000.00

　　贷：主营业务收入　　　　　　　　　　　　　15 200.00

借：主营业务成本　　　　　　　　　　　　124 400.00

　　贷：发出商品　　　　　　　　　　　　　　　124 400.00

假设乙公司在 4 月 4 日就付清了该笔货款，当天丙公司会计人员应编制如下会计分录：

实际收到的货款金额 =19 760.00+152 000.00=171 760.00（元）

借：银行存款	171 760.00
贷：应收账款	171 760.00

从案例所示的账务处理来看，公司在最后结转销售成本时，贷方科目为"发出商品"，这是为了冲销前期增加的发出商品，使账目平衡，以消除"发出商品"这一过渡科目可能给账目不平带来的影响。

4.3.2　没有立即收到销售货款时该怎么记账

无论是符合收入确认条件的情况，还是不符合收入确认条件的情况，关于货款是否立即收到，都按照立即收到用"银行存款"科目核算，没有立即收到用"应收账款"科目核算，收到商业票据用"应收票据"核算的原则做账。

实务案例 一般销售商品业务没有立即收到货款的账务处理

甲公司向外单位售出一批商品，开出一张增值税专用发票，并注明不含税售价 12.40 万元，增值税税额 16 120.00 元。发票上还注明运输费 1 000.00元，增值税税额 90.00 元。该批商品成本为 7.50 万元，款项尚未收到，会计应根据发票的记账联编制如下会计分录：

①确认销售收入。

借：应收账款——×× 公司	140 210.00
贷：主营业务收入	124 000.00
应交税费——应交增值税（销项税额）	16 210.00

运费的处理在实际收到货款时做账。

②结转销售成本。

借：主营业务成本	75 000.00
贷：库存商品——×× 产品	75 000.00

③收到货款时要核算运费。

借：银行存款　　　　　　　　　　　　　141 210.00

　贷：应收账款　　　　　　　　　　　　140 210.00

　　其他应收款——××公司　　　　　　　1 000.00

如果该案例中的外单位最开始就以商业汇票支付货款，则将"应收账款"科目换成"应收票据"科目。

4.3.3　随同商品出售的包装物怎么记账

从本章 4.1.2 节的相关内容可知，随同商品出售的包装物会区分两种情形，一种是随同商品出售但不单独计价的包装物，另一种是随同商品出售且单独计价的包装物。这两种情形下包装物的账务处理是不同的，下面分别介绍。

（1）随同商品出售但不单独计价的包装物的账务处理

包装物随同商品一起出售，但不单独计价的，应按其实际成本计入销售费用，借记"销售费用"科目；按其计划成本，贷记"周转材料——包装物"科目；按借贷方差额，借记或贷记"材料成本差异"科目。当然，如果采用实际成本核算包装物，则无须使用"材料成本差异"科目。

实务案例 随商品出售但不单独计价的包装物的核算

乙公司为一般纳税人，对包装物采用计划成本核算。2 月销售商品时领用了不单独计价的包装物一批，计划成本为 45 000.00 元，材料成本差异率为 2.5%。公司会计人员根据包装物领用凭证编制如下会计分录：

材料成本差异 =45 000.00×2.5%=1 125.00（元）

由于差异率为正数，表示超支差，即实际成本大于计划成本。因此"材料成本差异"科目应记贷方。

借：销售费用   46 125.00

  贷：周转材料——包装物   45 000.00

    材料成本差异   1 125.00

如果该案例中的乙公司采用实际成本核算包装物，且 45 000.00 元是实际成本，则会计分录的编制如下所示：

借：销售费用   45 000.00

  贷：周转材料——包装物   45 000.00

（2）随同商品出售且单独计价的包装物的账务处理

包装物随同商品一起出售，且需要单独计价的，按实际取得的金额，借记"银行存款"等科目；按销售收入，贷记"其他业务收入"科目；按照增值税专用发票上注明的增值税销项税额，贷记"应交税费——应交增值税（销项税额）"科目。同时，结转包装物的成本，按其实际成本，借记"其他业务成本"科目；按其计划成本，贷记"周转材料——包装物"科目；按借贷方差额，借记或贷记"材料成本差异"科目，同理，采用实际成本核算包装物时不涉及"材料成本差异"科目的使用。

📌 **实务案例** 随商品出售且单独计价的包装物的核算

丙公司是一般纳税人，对包装物采用计划成本核算。2月出售商品时领用了一批需要单独计价的包装物，计划成本为 60 000.00 元，销售收入共 70 000.00 元，增值税专用发票上注明的增值税税额为 9 100.00 元，款项已存入银行。已知该批包装物的材料成本差异率为 −2.5%，公司会计人员根据包装物领用凭据进行如下账务处理：

①出售单独计价包装物时确认其他业务收入。

借：银行存款   79 100.00

　　贷：其他业务收入　　　　　　　　　　　　　70 000.00

　　　　应交税费——应交增值税（销项税额）　　　9 100.00

②结转出售单独计价包装物的成本。

由于包装物的材料成本差异率为负数，表示节约差，即实际成本小于计划成本，因此"材料成本差异"科目登记借方。

材料成本差异 =60 000.00×（−2.5%）=−1 500.00（元）

包装物实际成本 =60 000.00−1 500.00=58 500.00（元）

借：其他业务成本　　　　　　　　　　　　　58 500.00

　　材料成本差异　　　　　　　　　　　　　　1 500.00

　　贷：周转材料——包装物　　　　　　　　　60 000.00

如果该案例中的丙公司采用实际成本核算包装物，且 60 000.00 元就是实际成本，则第二个会计分录如下所示：

借：其他业务成本　　　　　　　　　　　　　60 000.00

　　贷：周转材料——包装物　　　　　　　　　60 000.00

4.3.4　发生商业折扣的销售业务怎么做账

商业折扣是指企业为了促进商品销售而给予的价格扣除，如买二送一，或者购买几件以上商品给予客户一定比例的折扣等。

商业折扣在销售时就已经发生，所以折扣部分不构成最终成交价格的一部分，进行账务处理时应按照扣除商业折扣后的金额确定销售商品收入的金额，用计算公式表示如下：

销售收入金额 = 售价 − 商业折扣

发生商业折扣的销售业务，其账务处理比较简单，下面通过一个具体的案例来学习发生商业折扣的账务处理。

📌 **实务案例** 发生商业折扣的收入确认

某公司2月向其客户售出一批商品，合同约定客户购买超过100件就享受8%的商业折扣。而客户实际购买了150件，总售价为45 000.00元，根据合同的约定，该客户可以享受8%的商业折扣。已知该批商品实际成本为28 000.00元，向客户开具了增值税专用发票，注明税率13%，款项尚未收到。会计人员根据发票和销售合同等凭证进行如下账务处理：

①确定商业折扣金额和销售收入金额。

商业折扣金额 =45 000.00×8%=3 600.00（元）

销售收入金额 =45 000.00−3 600.00=41 400.00（元）

增值税销项税额 =41 400.00×13%=5 382.00（元）

②确认销售收入。

借：应收账款——××公司   46 782.00

  贷：主营业务收入   41 400.00

    应交税费——应交增值税（销项税额） 5 382.00

③结转销售成本。

借：主营业务成本   28 000.00

  贷：库存商品   28 000.00

4.3.5 发生现金折扣的销售业务怎么做账

现金折扣是指债权人（即销售方）为鼓励债务人（即购买方）在规定的期限内付款而向债务人提供的债务扣除。

现金折扣一般用符号"折扣率/付款期限"来表示，比如"2/10，1/20，N/30"表示销售方允许客户最长付款期限为30天，如果客户在10天内付款，销售方将按商品售价给予客户2%的折扣；如果客户在11～20天内付款，可按商品售价给予客户1%的折扣；如果客户在21～30天内付款，将不能享受现金折扣。

现金折扣发生在企业销售商品以后，因此现金折扣是否发生以及发生多少取决于购买方的付款情况，并且企业在确认销售商品收入时不能确定现金折扣金额。

由此可见，企业销售商品涉及现金折扣的，应按照扣除现金折扣前的金额确定销售商品收入金额，发生的现金折扣金额计入当期财务费用。

在计算现金折扣时，要注意折扣是按不包含增值税的价款为依据，还是按包含增值税的价款为依据。这两种情况下，即使买卖交易金额完全相同，购买方享有的折扣金额也会不同。下面就通过具体案例来区分。

实务案例 发生现金折扣按不含增值税价款计算折扣金额

乙公司为增值税一般纳税人，20×3年3月15日销售一批商品给丙公司，不含税价格12.50万元，开具了增值税专用发票，注明增值税税率13%，税额16 250.00元。已知这批商品的实际成本共8.20万元，双方签订的购销合同约定现金折扣条件为2/10，1/20，N/30，并且计算现金折扣时不考虑增值税。该商品在3月15日发出，符合销售收入确认条件，丙公司在3月19日付款，相关计算和账务处理如下：

①3月15日售出商品确认收入并结转成本。

借：应收账款——丙公司   141 250.00

    贷：主营业务收入   125 000.00

        应交税费——应交增值税（销项税额）   16 250.00

借：主营业务成本   82 000.00

    贷：库存商品——××   82 000.00

②3月19日收到货款并将现金折扣金额计入财务费用。

3月15日发出商品，3月19日付款，丙公司在10天内付款，因此可以享受 2% 的现金折扣。

现金折扣金额 =125 000.00×2%=2 500.00（元）

实际收到的货款金额 =141 250.00−2 500.00=138 750.00（元）

借：银行存款 138 750.00

财务费用 2 500.00

贷：应收账款——丙公司 141 250.00

该案例中如果购销双方签订合同时约定计算现金折扣时考虑增值税，则现金折扣金额的计算和收取货款的账务处理如下：

现金折扣金额 =（125 000.00+16 250.00）×2%=2 825.00（元）

实际收到的货款金额 =141 250.00−2 825.00=138 425.00（元）

借：银行存款 138 425.00

财务费用 2 825.00

贷：应收账款——丙公司 141 250.00

当然，如果丙公司在 11 ~ 20 天内付款，就按 1% 计算现金折扣金额；如果在 21 ~ 30 天内付款，就不存在现金折扣问题，也就不需要确认财务费用。

4.3.6 视同销售业务的账务处理

按照现行增值税制度的规定，企业发生的一些交易或事项应视同对外销售处理，计算应交增值税。具体的视同销售业务有七种，内容如下：

①将货物交付其他单位或个人代销；

②销售代销货物；

③设有两个以上机构并实行统一核算的纳税人，将货物从一个机构移送至其他机构用于销售，但相关机构设在同一县（市）的除外；

④将自产或委托加工的货物用于集体福利或个人消费；

⑤将自产、委托加工或购进的货物作为投资，提供给其他单位或个体工商户；

⑥将自产、委托加工或购进的货物分配给股东或投资者；

⑦将自产、委托加工或购进的货物无偿赠送给其他单位或个人。

以上七种视同销售业务，均要确认增值税销项税额，但并不是所有情况都需要确认销售收入。

情况①和②按照正常的销售业务的处理方式做账，确认收入并结转相应的成本。

情况③不确认收入。

情况④确认收入和成本。如果是将购进的货物用于集体福利或个人消费，则不是视同销售业务，也就不确认收入，也不计算增值税销项税额，但此时需要将用于集体福利或个人消费部分的货物对应的增值税进项税额做转出处理，因为其实质是改变了货物的用途。

情况⑤中将自产或委托加工的货物作为投资，提供给其他单位或个体工商户的，确认收入，且确认为其他业务收入；将购进货物作为投资提供给其他单位或个体工商户的，不确认收入。

情况⑥中将自产或委托加工的货物分配给股东或投资者的，确认收入；将购进的货物分配给股东或投资者的，不确认收入。

情况⑦不确认收入。只需要将捐赠货物的成本计入营业外支出，同时计算增值税销项税额即可。

综上所述，无论是哪种情况，只要涉及将购进货物用于非生产活动或销售活动的，不管是自产、委托加工还是将购进货物用于捐赠，都不确认收入。

4.3.7　发生销售退回时账务处理如何做

当企业售出的商品存在严重质量问题时，购买方很可能会将商品退回给销售方，即不接受商品。此时作为销售方企业，需要分不同的情况做账。

如果销售退回发生在销售方确认销售收入之前，则直接冲减前期的"发出商品"科目，同时增加"库存商品"科目。如果销售退回发生在销售方确认销售收入之后，且销售退回不属于资产负债表日后事项，则应在发生销售退回时冲减当期销售商品收入和销售商品成本，按规定允许扣减的增值税税额，也可以同时冲减已确认的增值税销项税额。

需要特别注意的是，如果发生销售退回的业务已经发生了现金折扣，则还应同时调整相关财务费用的金额。下面从具体的案例入手学习发生销售退回的经济业务的账务处理。

实务案例 销售退回发生在确认收入之前的账务处理

丙公司为增值税一般纳税人，20×3年3月16日收到甲公司因质量问题而退回的部分商品，对应售价共4.20万元，对应的成本有2.40万元。已知丙公司在售出该批商品时已经开具了增值税专用发票，但还未确认销售收入。经公司查证，甲公司提出的退货要求符合双方签订的销售合同约定，因此同意退货。增值税专用发票注明不含税价款8.40万元，增值税税率13%，税额10 920.00元，整批商品成本有4.80万元。丙公司同意退货的当天就向甲公司开具了增值税专用发票（红字），当天将退货验收入库，丙公司财会人员需要做的账务处理如下：

①前期售出商品无法确认收入，但需确认增值税，同时将售出的商品按其成本确认为发出商品。

借：应收账款——甲公司　　　　　　　　　　　10 920.00

　　贷：应交税费——应交增值税（销项税额）　　　10 920.00

借：发出商品	48 000.00	
贷：库存商品		48 000.00

②3月16日收到退回的部分商品，按退回商品实际成本冲减发出商品，同时冲减已确认的增值税销项税额，再增加库存商品。

退回商品负担的增值税销项税额 =（84 000.00-42 000.00）×13%
$$=5 460.00（元）$$

借：库存商品	24 000.00	
贷：发出商品		24 000.00
借：应交税费——应交增值税（销项税额）	5 460.00	
贷：应收账款		5 460.00

③如果最终丙公司没有补货，则会计人员需要按照剩余未被退货的商品的价格和成本确认收入并结转成本。

确认收入金额 =84 000.00-42 000.00=42 000.00（元）

借：应收账款——甲公司	42 000.00	
贷：主营业务收入		42 000.00

实际收到货款金额 =42 000.00+（10 920.00-5 460.00）=47 460.00（元）

借：银行存款	47 460.00	
贷：应收账款——甲公司		47 460.00

从案例可知看出，最终确认收入时直接以未被退回商品对应的售价确认，但增值税销项税额则因为前期已经确认而在发生销售退回时做了冲减处理，进而使得最终确认销售收入时会计分录中不再需要确认增值税销项税额。那么当销售退回发生在确认销售收入以后，账务又该怎么做呢？

实务案例 销售退回发生在确认收入之后的账务处理

在前一个案例的基础上，假设所有关于金额的情况都不变，唯一改变的是丙公司在售出这批商品并开出增值税专用发票时就确认了销售收入。

账务处理如下所示。

①售出商品，全额确认销售收入，同时结转成本。

借：应收账款——甲公司   94 920.00

    贷：主营业务收入   84 000.00

        应交税费——应交增值税（销项税额）   10 920.00

借：主营业务成本   48 000.00

    贷：库存商品   48 000.00

②3月16日收到退回的部分商品，冲减已确认的销售收入、增值税销项税额和销售成本，同时增加库存商品。

借：库存商品   24 000.00

    贷：主营业务成本   24 000.00

借：主营业务收入   42 000.00

    应交税费——应交增值税（销项税额）   5 460.00

        贷：应收账款——甲公司   47 460.00

③收到货款。

实际收到货款金额 =94 920.00-47 460.00=47 460.00（元）

借：银行存款   47 460.00

    贷：应收账款——甲公司   47 460.00

由此可看出销售退回发生时间不同对账务处理的影响，会计人员要分清楚账务处理的方法。

实务答疑

问：什么是销售折让？

答：销售折让是指企业因为售出商品质量不符合要求等原因而在售价上给予购买方的减让。在发生销售折让的经济业务中，账务处理需要区分两种情况，一是销售折让发生在确认销售收入之前，此时应直接按扣除销售折让后的金额确认销售收入，处理方法类似于发生商业折扣的经济业务的处理方法。二是销售折让发生在确认销售收入之后，且销售折让不属于资产负债表日后事项，此时应在发生销售折让时冲减当期销售商品收入，如果按规定允许扣减增值税税额，还应冲减已确认的应交增值税销项税额。由于发生销售折让的经济业务中的商品并没有退回给销售方，因此销售方不需要冲减销售成本。冲减收入和税费时，编制与确认收入和税费时相反的会计分录。

问：销售折让的账务处理是怎么做的？

答：销售折让发生在确认销售收入之前的，在售出商品无法确认收入时，按售出商品的实际成本，借记"发出商品"科目，贷记"库存商品"科目；在发生销售折让时，按照扣减折让金额后的货款金额和税费金额，借记"应收账款"科目，按扣减折让金额后的货款金额贷记"主营业务收入"科目，按需要确认的税费金额贷记"应交税费——应交增值税（销项税额）"科目，按售出商品的实际成本，借记"主营业务成本"科目，贷记"发出商品"科目；实际收到货款时，按实际收到金额，借记"银行存款"科目，贷记"应收账款"科目。

销售折让发生在确认销售收入之后的，在售出商品时按全额含税售价，借记"应收账款"科目，按全额不含税售价，贷记"主营业务收入"科目，按增值税专用发票注明的税额，贷记"应交税费——应交增值税（销项税额）"科目；在发生销售折让时，按实际折让的售价和对应增值税销项税额，借记"主营业务收入"和"应交税费——应交增值税（销项税额）"科目，按折让的售价和对应增值税销项税额之和，贷记"应收账款"科目；实际收到货款时，按实际收到金额，借记"银行存款"科目，贷记"应收账款"科目。

问：约当产量比例法涉及的计算公式有哪些？

答：在产品约当产量 = 在产品数量 × 完工程度

单位成本 =（月初在产品成本 + 本月发生生产成本）÷（完工产品数量 + 在产品约当产量）

完工产品成本 = 完工产品产量 × 单位成本

在产品成本 = 在产品约当产量 × 单位成本

第 5 章

经营管理中的其他账务处理

公司在经营管理活动中，除了会涉及采购活动、生产材料领用及销售活动外，还会涉及其他一些事项，如费用的报销、固定资产的折旧、无形资产的摊销、生产设备和不动产的出租、各类资产的处置以及盘盈盘亏等，这些经济事项也需要会计人员及时做账，否则会造成账目混乱，资金收支不明，不利于公司进行财务管理。

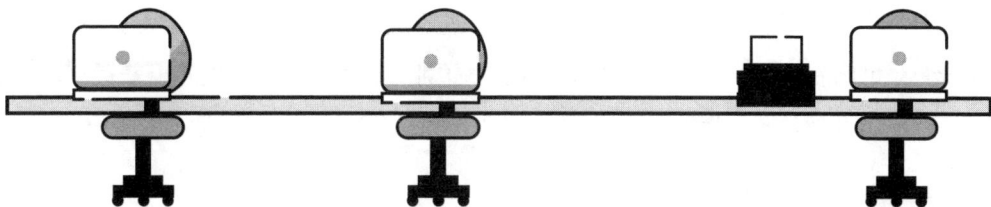

5.1　各种费用的确认与计量处理

新公司在生产经营过程中，需要借助各方力量维持运营，期间免不了要发生一些费用开支。这些费用发生时，会计人员需要及时做账，以便控制企业的财务收支。

5.1.1　员工出差借款以及归还款项的账务

实务中，一些公司的员工在出差之前会向公司申请借款，然后在回公司后将剩余的款项归还给公司，或者向公司提出补足自行垫付的部分。从员工出差借款到回公司还款这一系列过程，都涉及账务处理。

员工向公司提出借款申请时，需要在出纳人员的引导下填写借款单，然后将借款单交给财务部，审核通过后通知出纳人员向借款员工发放借款，而会计人员则根据审核通过的借款单填制记账凭证，借记"其他应收款"科目，贷记"银行存款"或"库存现金"科目。注意，为了明确个人经济责任，一般要按员工进行明细核算，即在"其他应收款"科目下加上员工姓名作为二级科目，如"其他应收款——××"科目。

当员工回公司归还剩余借款时，要向财务部提交出差期间发生的费用对应的单据，经审核无误后由会计人员根据出差人员提交的单据填制记账凭证，按归还的剩余借款，借记"银行存款"或"库存现金"科目；按实际出差费用，借记"管理费用"（行政管理人员出差）或"销售费用"（销售人员出差）等科目；按借款总金额，贷记"其他应收款——××"科目。

如果员工向公司提交费用单据的同时申请补足自行垫付的费用，则说明员工前期借款不够。此时财务部在审核单据无误后，通知出纳人员向员工补足出差费用，会计人员根据单据填制记账凭证，按实际发生的出差费用，借记"管理费用"或"销售费用"科目；按前期借款金额，贷记"其他应收款——

× ×”科目；按补付给员工的金额，贷记“银行存款”或“库存现金”科目。

实务案例 员工出差借款与还款账务处理

20×3 年 3 月 16 日，员工李辉向财务部提出出差借款申请，并填制了如图 5-1 所示的借款单。

借 款 单

№

日期： 20××年 3 月 16 日

部 门	行政部	姓名	李辉
借款事由	到外地出差		
借款金额	（大写）人民币 零 拾 零 万 叁 仟 零 佰 零 拾 零 元 零 角 零 分		
预计还款报销日期	20×3年3月22日	¥ 3 000.00	
审批意见	同意借款。元浩	借款人	李辉 20××年 3 月 16 日

发据单位盖章　　会计：游倩　　出纳：张丹

①存根（白） ②收据（红） ③记账（蓝）

图 5-1 借款单

会计人员根据审核通过的借款单填制记账凭证，编制如下会计分录。

借：其他应收款——李辉　　3 000.00

　　贷：库存现金　　3 000.00

20×3 年 3 月 22 日，李辉出差回公司，将剩余未使用的 400.00 元借款归还给公司，提交了相关单据，并填制了差旅费报销单，如图 5-2 所示。

差 旅 费 报 销 单

报销部门:行政部　　20× 3年3月22日

姓 名	李辉	职 别		行政主管		出差事由	培训学习				
出差地点	日 期	区间	人数	天数	其中：途中天数	市内/市外	补贴项目	人数	天数	标准	金 额
	3月16日-3月21日	贵阳	1	6	1		伙食补贴				
	月 日- 月 日						交通费补贴				
	月 日- 月 日						司机出车补贴				
	月 日- 月 日						未卧补贴				
	月 日- 月 日						小 计				

项 目	报销数		审核数		
	单据张数	报销金额	单据张数	审核金额	说明：
食 宿 费	17	2 064.00	17	2 064.00	
车 船 票	2	536.00	2	536.00	主（分）管领导审批： 通过。 ×××
飞 机 票					
小计	19	2 600.00	19	2 600.00	
合计金额大写:人民币贰仟陆佰元整					合计金额小写：¥2 600.00

附件 19 张

单位盖章　　会计：××　　出纳：张丹　　报销人：李辉

图 5-2 差旅费报销单

会计人员审核李辉提交的单据，在收到出纳人员开出的收据后填制记账凭证，编制如下会计分录：

借：管理费用   2 600.00

   库存现金   400.00

  贷：其他应收款——李辉   3 000.00

如果该案例中李辉申请的 3 000.00 元借款在出差期间用完，且自己还垫付了一定的费用，则回公司时就需要向公司报销，申请补足出差费用。案例中的差旅费报销单没有关于补足差旅费的信息，实务中通常会填制费用报销单。比如李辉自行垫付出差费用 180.00 元，回公司后提交相关单据，同时填制如图 5-3 所示的费用报销单。

费 用 报 销 单				No.	
报销部门：行政部	日期：20××年 3 月 22 日		单据及附件共 19 页		

报销项目	摘 要	金额 十万千百十元角分	备注	
差旅费	出差贵阳培训学习	￥3 1 8 0 0 0		
			领导审批	通过
合 计		￥3 1 8 0 0 0		
金额大写：人民币叁仟壹佰捌拾元整		原借款：3 000.00元 应退（补）款：180.00元		
发据单位盖章	会计：××	出纳：张丹	报销人：李辉	

图 5-3 费用报销单

此时会计人员在收到出纳人员的付款通知后，填制记账凭证，编制如下会计分录：

借：管理费用   3 180.00

  贷：其他应收款——李辉   3 000.00

   库存现金   180.00

5.1.2 员工先行垫付费用后报销的账务

还有一些公司，由于其管理制度的规定，员工出差需先行垫付费用，出差结束后再向公司报销。这种情况下会计人员需要做的账务处理又会不同。

由于员工出差自行垫付出差费用，因此会计人员只需要在员工出差回公司办理报销手续时处理相应账务。此时按照员工报销金额，借记"管理费用"或"销售费用"科目，贷记"银行存款"或"库存现金"科目。

实务案例 员工购买办公用品垫付费用后申请报销

20×3年3月18日，王某为办公室购入了一批办公用品。由于事出紧急，事先没有向财务部申请借款，于是他自行垫付了这笔办公费。办公用品验收后，王某将费用单据递交给财务部，并填写了费用报销单，如图5-4所示。

费用报销单													No.	
报销部门：财务部		日期：20×3年3月18日								单据及附件共 1 页				
报销项目	摘 要				金额							备		
		十	万	千	百	十	元	角	分					
办公费	购买中性笔一批				¥	2	0	0	0	0		注		
办公费	购买打印复印纸一批				¥	2	7	0	0	0				
												领导审批	通过	
	合 计				¥	4	7	0	0	0				
金额大写：人民币肆佰柒拾元整						原借款：	0.00 元 应退（补）款：470.00元							
发票单位盖章	会计：××			出纳：张丹			报销人：王×							

图 5-4 费用报销单

财务部审核费用报销单和原始单据无误后，通知出纳人员付款，并填制记账凭证，编制如下会计分录：

借：管理费用——办公费 　　　　　　　　　470.00

　　贷：库存现金 　　　　　　　　　　　　　470.00

从案例的账务处理来看，站在公司的角度，由员工自行垫付费用后向公司报销的操作，会使会计人员的工作更简单。

而关于费用报销时可能会使用到的粘贴单，相关内容将在本章的末尾作详细介绍，这里暂不说明。

5.1.3 水电费的使用如何做账

在生产经营过程中，企业必然需要耗费一定的水电，因此就会发生水电费。对生产性企业来说，各个职能部门均可能发生水电费，尤其是生产部门，水电费耗费的比例更大，因此在核算水电费时，需要按部门进行不同的归集，即生产部门耗用的水电费计入制造费用，行政管理部门耗用的水电费计入管理费用，销售部门耗用的水电费计入销售费用。

商品流通企业则不同，因为它不涉及生产部门，因此水电费大多计入管理费用，销售部门耗用水电费计入销售费用。

📌 实务案例 支付水电费的账务处理

20×3 年 3 月 9 日，某公司行政部员工曲某缴纳了公司上月发生的水电费，共计 2 030.00 元，其中水费 1 230.00 元，电费 800.00 元，生产部门发生的水费有 1 120.00 元，电费 680.00 元，其余水电费均计入管理费用。曲某将水电费发票提交给财务部门，并申请报销。水费增值税专用发票上注明税率 9%，税额 110.70 元；电费增值税专用发票上注明税率 13%，税额 104.00 元。会计人员收到行政部递交的增值税发票后，填制记账凭证，编制如下会计分录：

计入制造费用的水电费 =1 120.00+680.00=1 800.00（元）

增值税进项税额 =110.70+104.00=214.70（元）

借：制造费用	1 800.00
管理费用——水费	110.00
——电费	120.00
应交税费——应交增值税（进项税额）	214.70
贷：银行存款	2 244.70

根据现行《中华人民共和国增值税暂行条例》的规定，销售电力按

13%的增值税税率计算纳税；销售自来水按9%的增值税税率计算纳税。当然，如果缴纳水电费时收到的是增值税普通发票，则不存在增值税进项税额的核算，所有税费按照3%的税率计算并随同水电费一起核算。

5.1.4 各职能部门员工工资应分别确认相关费用

在本书第4章的4.2.1节中介绍了关于生产工人和车间管理人员工资的账务处理，这一小节来看看其他职能部门的员工工资如何做账。

企业行政管理部门的员工工资，发生时计入管理费用；销售部门的员工工资，发生时计入销售费用。无论是管理费用还是销售费用，在期末时都会转入"本年利润"科目核算当期利润。

下面通过一个简单的案例来学习职能部门员工的工资核算处理。

实务案例 员工工资涉及的费用确认账务处理

20×3年3月底，甲公司财务部核算出行政管理部门人员工资共23.42万元，财务部门人员工资共4.20万元，销售部门人员工资共15.64万元。公司需要为这些员工代扣代缴个人部分的社保和住房公积金，行政管理部门、财务部门和销售部门员工分别需要代扣代缴社保23 888.40元、4 284.00元和15 952.80元，分别需要代扣代缴住房公积金18 736.00元、3 360.00元和12 512.00元。暂不考虑个人所得税，关于员工工资的账务处理如下：

①月末核算员工应发工资。

计入管理费用的应发工资 =23.42+4.20=27.62（万元）

借：管理费用——工资　　　　　　　　　　　　276 200.00

　　销售费用——工资　　　　　　　　　　　　156 400.00

　　贷：应付职工薪酬——工资、薪金、奖金和津贴　432 600.00

②代扣社保和住房公积金并发放工资。

代扣社保总额 =23 888.40+4 284.00+15 952.80=44 125.20（元）

代扣住房公积金总额 =18 736.00+3 360.00+12 512.00=34 608.00（元）

借：应付职工薪酬——工资、资金、奖金和津贴　432 600.00

　　贷：其他应收款——社保（个人部分）　　　　44 125.20

　　　　　　　　——住房公积金（个人部分）　　34 608.00

　　　银行存款　　　　　　　　　　　　　　　353 866.80

③代缴社保和住房公积金个人部分。

借：其他应收款——社保（个人部分）　　　　44 125.20

　　　　　　——住房公积金（个人部分）　　34 608.00

　　贷：银行存款　　　　　　　　　　　　　78 733.20

从案例展示的账务处理可以看到，企业为员工代扣的社保和住房公积金通过"其他应收款"科目核算，并带有"社保（个人部分）"和"住房公积金（个人部分）"明细科目。

知识贴士 **企业为员工缴纳的社保和住房公积金的账务处理**

这里所说的企业为员工缴纳的社保和住房公积金，是指企业自身应缴纳的部分。会计人员在核算这部分社保和住房公积金时，账务处理与代扣代缴个人部分有区别。

①计提企业应缴纳的社保和住房公积金。

借：×× 费用 / 生产成本等

　　贷：应付职工薪酬——社保（企业部分）

　　　　　　　　——住房公积金（企业部分）

②缴纳社保和住房公积金。

借：应付职工薪酬——社保（企业部分）

　　　　　　——住房公积金（企业部分）

　　贷：银行存款

5.1.5 固定资产折旧的方法与账务

固定资产折旧指企业在生产经营过程中使用固定资产而使其耗损，导致价值减少仅剩余一定残值，然后将原值与残值之差在固定资产使用年限内分摊的经济活动。

在对固定资产计提折旧前，必须要确定固定资产的折旧范围。企业的房屋建筑物，在用的机器设备、仪器仪表、运输车辆和工具器具，季节性停用及修理停用的设备，以及以经营租赁方式租出的固定资产和以融资租赁方式租入的固定资产等，都需要计提折旧。由于需要计提折旧的固定资产较多，一般在确定固定资产折旧范围时，从不需要计提折旧的固定资产出发记忆，这类固定资产主要指如下四类：

◆ 已提足折旧仍继续使用的固定资产。

◆ 以前年度已经估价单独入账的土地。

◆ 提前报废的固定资产。

◆ 以经营租赁方式租入的固定资产和以融资租赁方式租出的固定资产。

要准确处理固定资产折旧账务，不仅要确定折旧范围，还要明确折旧方法，常见的有四种。

（1）年限平均法

年限平均法也称直线法，是将固定资产的应计折旧额均衡地分摊到固定资产预计使用寿命内的折旧方法。使用该方法时，计算出的每期折旧额相等。相关计算公式如下：

$$年折旧率 = （1-预计净残值率）÷预计使用寿命（年）$$

$$月折旧率 = 年折旧率 ÷12$$

$$月折旧额 = 固定资产原价 × 月折旧率$$

净残值率指固定资产净残值对原值的比率。

（2）工作量法

工作量法指根据实际工作量计算固定资产每期应计提折旧额的一种方法。相关计算公式如下：

单位工作量折旧额 = [固定资产原价 × （1- 预计净残值率）] ÷ 预计总工作量

某项固定资产月折旧额 = 该项固定资产当月工作量 × 单位工作量折旧额

（3）双倍余额递减法

双倍余额递减法指在不考虑固定资产预计净残值的情况下，根据每期期初固定资产原价减去累计折旧后的余额和双倍的直线法折旧率计算固定资产折旧额的一种方法。

在使用该方法时要注意，一般应在固定资产使用寿命到期前两年内，将固定资产账面净值扣除预计净残值后的余额平均摊销。比如使用寿命到期前两年内，固定资产账面净值扣除预计净残值后的余额为 8 000.00 元，则最后两年每年计提折旧 4 000.00 元，不再按照双倍余额递减法计提。

双倍余额递减法的计算公式如下：

年折旧率 =2 ÷ 预计使用寿命（年）× 100%

年折旧额 = 每个折旧年度年初固定资产账面净值 × 年折旧率

月折旧额 = 年折旧额 ÷12

固定资产账面净值 = 固定资产原价 - 累计折旧

（4）年数总和法

年数总和法指将固定资产的原价减去预计净残值后的余额，乘以一个逐年递减的分数计算每年折旧额的折旧方法。在这个方法中，逐年递减的分数的分子代表固定资产尚可使用寿命，分母代表固定资产预计使用寿命逐年数字总和。相关计算公式如下：

年折旧率＝尚可使用年限 ÷ 预计使用寿命的年数之和 ×100%

年折旧额＝（固定资产原价－预计净残值）× 年折旧率

上述计算公式中，尚可使用年限＝预计使用寿命－已使用年限，预计使用寿命的年数之和＝预计使用寿命 ×（预计使用寿命 +1）÷2。

采用不同的方法对固定资产计提折旧，结果会大不相同，下面就通过一个实例来比较学习。

实务案例 固定资产折旧方法的对比使用

乙公司购入一辆商务用车，使用寿命为 5 年，预计总里程 50 万公里。已知这辆车原价为 15.80 万元，预计净残值 0.80 万元。公司需按照相关规定对该车计提折旧，暂不考虑税费问题。

①使用年限平均法计提折旧。

年折旧额＝（158 000.00－8000.00）÷5=30 000.00（元）

月折旧额＝30 000.00÷12=2 500.00（元）

按月计提折旧额的会计分录如下。

借：管理费用——折旧费   2 500.00

    贷：累计折旧   2 500.00

由于年限平均法下各月或者各年的折旧额相等，因此每月计提折旧的会计分录是一样的。

②使用工作量法计提折旧。

假设 4 月该商务车行驶了 3 000 公里，当月要计提折旧。

单位里程折旧额＝（158 000.00－8 000.00）÷500 000=0.3（元）

当月折旧额＝3 000×0.3=900.00（元）

借：管理费用——折旧费   900.00

    贷：累计折旧   900.00

使用该方法时不考虑预计使用寿命，只按照实际行驶里程和单位里程折旧额计算当期应计提的折旧数额。

③使用双倍余额递减法计提折旧。

年折旧率 =2÷5×100%=40%

第一年折旧额 =158 000.00×40%=63 200.00（元）

第二年折旧额 =（158 000.00-63 200.00）×40%=37 920.00（元）

第三年折旧额 =（158 000.00-63 200.00-37 920.00）×40%=22 752.00（元）

第四年折旧额 = 第五年折旧额 =（158 000.00-8 000.00-63 200.00-37 920.00-22 752.00）÷2=13 064.00（元）

按月计提折旧时根据公司自身规定处理，会计分录参考前面两种折旧方法。假设每月的折旧额按当年 12 个月平均分摊，则该方法下第一年每月折旧额约为 5 266.67 元（63 200.00÷12），第二年每月折旧额为 3 160.00 元（37 920.00÷12），第三年每月折旧额为 1 896.00 元（22 752.00÷12），第四年和第五年每月折旧额约为 1 088.67 元（13 064.00÷12），可以看出是逐年递减的。

④使用年限总和法计提折旧。

预计使用寿命的年数之和 =1+2+3+4+5=15

第一年年折旧率 =5÷15×100%=33.33%

第一年年折旧额 =（158 000.00-8 000.00）×33.33%=49 995.00（元）

第二年年折旧率 =4÷15×100%=26.67%

第二年年折旧额 =（158 000.00-8 000.00）×26.67%=40 005.00（元）

第三年年折旧率 =3÷15×100%=20%

第三年年折旧额 =（158 000.00-8 000.00）×20%=30 000.00（元）

第四年年折旧率 =2÷15×100%=13.33%

第四年年折旧额 =（158 000.00-8 000.00）×13.33%=19 995.00（元）

第五年年折旧率 =1÷15×100%=6.67%

第五年年折旧额 =（158 000.00-8 000.00）×6.67%=10 005.00（元）

同理，按月计提折旧时根据公司自身规定处理，会计分录参考前面的折旧方法。该方法下折旧额逐年递减，与双倍余额递减法一样，都属于加速折旧法。

企业发生固定资产折旧并计提折旧额时，借记"管理费用""制造费用"和"其他业务成本"等科目，贷记"累计折旧"科目。

5.1.6　无形资产摊销的账务及涉税问题

无形资产摊销是指将使用寿命有限的无形资产应摊销金额在其使用寿命内进行系统合理的分配。关于无形资产的摊销，需要注意如下几点：

◆　使用寿命有限的无形资产，通常残值视为0。

◆　使用寿命不确定的无形资产不应摊销。

◆　使用寿命有限的无形资产应从可供使用当月起开始摊销，处置当月不再摊销。

◆　企业选择的无形资产摊销方法应反映与该项无形资产有关的经济利益的预期实现方式，无法可靠确定预期实现方式的，应采用年限平均法摊销。

无形资产的摊销额一般计入当期损益。企业管理用无形资产，其摊销额计入管理费用；以经营租赁方式出租的无形资产，其摊销额计入其他业务成本；无形资产包含的经济利益通过所生产的产品或其他资产实现的，其摊销额计入相关资产成本。

企业发生无形资产摊销并计提摊销额时，借记"管理费用""制造费用"和"其他业务成本"等科目，贷记"累计摊销"科目。

对于无形资产的摊销方法，除了有年限平均法（即直线法），还有生产总量法等，但常用的还是年限平均法。下面通过一个案例来学习无形资产采用年限平均法摊销的账务处理。

实务案例 采用年限平均法进行无形资产摊销

20×3 年 7 月初,甲公司自行开发完成一项非专利技术,用于生产活动,成本为 440.00 万元,预计使用寿命为 20 年,预计净残值为 0.00 元。20×4 年 1 月初,公司将这项非专利技术出租给丙公司,双方约定租赁期限为 5 年。甲公司采用年限平均法按月进行摊销,暂不考虑出租收入问题,相关账务处理如下:

①计算年摊销额和月摊销额。

年摊销额 =4 400 000.00 ÷ 20=220 000.00(元)

月摊销额 =220 000.00 ÷ 12=18 333.33(元)

②20×3 年 7 ~ 12 月,甲公司自用非专利技术完成生产活动,因此摊销额应计入生产成本。按月摊销处理的账务如下:

借:生产成本 18 333.33

　　贷:累计摊销 18 333.33

③20×4 年 1 月 ~ 20×8 年 12 月,甲公司将非专利技术出租给丙公司,因此摊销额应计入其他业务成本。按月摊销处理的账务如下:

借:其他业务成本 18 333.33

　　贷:累计摊销 18 333.33

注意,如果企业对外出租无形资产,不仅要将摊销额计入其他业务成本中,还应同时按照收取的租金收入,确认其他业务收入。如果涉及增值税,还应核算增值税销项税额。

5.2　各种租赁业务的账务处理

对于生产性企业来说,租赁业务并不是日常经营业务,只是偶尔会发生,新公司也一样，比如对外出租生产设备、厂房和办公楼等。当发生这些业务时，将收入确认为其他业务收入，将折旧额确认为其他业务成本。但如果是专门的租赁公司，如车辆租赁公司、房屋租赁公司，这些企业对外出租车辆或房屋时，这些租赁业务就属于它们的主营业务，收到的租金收入就需要计入主营业务收入，折旧额相应地就要确认为主营业务成本。本节主要介绍生产性企业租赁业务的账务处理。

5.2.1　对外出租生产设备如何做账

在生产经营过程中，有时企业会因业务收缩而导致自己的生产设备闲置下来，此时为了减少损失，企业可能会考虑将生产设备对外出租，以获取租金收入。

企业对外出租生产设备时，按收取的租金和增值税税额，借记"应收账款"或"银行存款"等科目；按收取的不含税租金，贷记"其他业务收入"科目；按增值税专用发票注明的税额，贷记"应交税费——应交增值税（销项税额）"科目。

实务案例 乙公司对外出租包装机的账务处理

乙公司为一般纳税人，3月12日将一台闲置的包装机出租给外单位使用，使用期限为半年。双方约定月租金为2 000.00元（不含税），按季支付租金。已知这台包装机的成本为2.50万元，预计使用寿命为10年，已使用3年，预计净残值0.10万元，采用年限平均法计提折旧。动产租赁业务适用增值税税率13%，在包装机出租期间，乙公司会计人员需要做如下账务处理：

①计算年折旧额和月折旧额。

年折旧额＝（25 000.00-1 000.00）÷10=2 400.00（元）

月折旧额 =2 400.00÷12=200.00（元）

②按月计提折旧额并确认租金收入。

借：其他业务成本 200.00

　　贷：累计折旧 200.00

借：应收账款——××公司 2 000.00

　　贷：其他业务收入 2 000.00

③按季收取租金，开具增值税专用发票。

3 个月租金收入 =2 000.00×3=6 000.00（元）

增值税销项税额 =6 000.00×13%=780.00（元）

借：银行存款 6 780.00

　　贷：应收账款——××公司 6 000.00

　　　　应交税费——应交增值税（销项税额） 780.00

该案例中，由于按月确认租金收入时没有开具增值税专用发票，因此没有在确认其他业务收入的同时核算增值税销项税额，等到收取租金收入并开具增值税专用发票时，再一并核算。

5.2.2 出租闲置办公楼的账务和涉税处理

不仅是闲置的生产设备可以对外出租，对企业来说，如果办公楼、厂房等也闲置了，也可以通过出租来获取一定的收益，减少资产闲置损失。

企业对外出租办公楼的账务处理以及涉税问题，与对外出租生产设备相似，只是在计算增值税时适用的税率不同。出租办公楼属于出租不动产业务，适用增值税税率 9%。下面来看一个简单的案例。

实务案例 甲公司出租闲置办公楼的账务处理

甲公司为一般纳税人，20×3 年 1 月初将闲置的一栋办公楼出租给其他单位使用。已知该办公楼原价 490.00 万元，预计使用寿命 20 年，预计净残值 10.00 万元，采用年限平均法计提折旧。办公楼已使用 7 年，双方约定年租金 120.00 万元（不含税），租期两年，按年支付租金。在办公楼出租期间，甲公司会计人员需要做如下账务处理：

①计算年折旧额和月折旧额。

年折旧额 =（4 900 000.00−100 000.00）÷20=240 000.00（元）

月折旧额 =240 000.00÷12=20 000.00（元）

②按月计提折旧额。

借：其他业务成本 20 000.00

　　贷：累计折旧 20 000.00

③按年收取租金，确认收入和增值税销项税额。

增值税销项税额 =1 200 000.00×9%=108 000.00（元）

借：银行存款 1 308 000.00

　　贷：其他业务收入 1 200 000.00

　　　　应交税费——应交增值税（销项税额） 108 000.00

注意，经济业务确认收入和增值税进（销）项税额的时间一定要严格按照公司规定进行，否则容易陷入偷逃税款的风险中。

5.3 资产处理与清查涉及的账务处理

公司在使用各类资产的过程中，可能因为各种原因需要将资产处理掉，比如机器设备过时而无法达到生产目的，因不可抗力因素导致报废等。除此以外，为了保证企业各类资产的安全、完整，还需定期或不定期清查资产，以保证财产物资账实相符。本节就对常见的资产类型处理与清查工作涉及的账务作详细介绍。

5.3.1　处置固定资产涉及的账务处理

固定资产处置就是固定资产的终止确认，主要包括固定资产的出售、报废、毁损和对外投资等。

（1）出售固定资产

出售固定资产与出租固定资产在账务处理方面明显不同，出售固定资产后，固定资产不再属于企业，因此固定资产账面价值将全部转销，且不存在其他业务收入。所有环节都需要借助"固定资产清理"科目进行核算。

企业出售固定资产，按该项固定资产的账面价值，借记"固定资产清理"科目；按已计提的累计折旧，借记"累计折旧"科目；按已计提的减值准备，借记"固定资产减值准备"科目；按其账面原价，贷记"固定资产"科目。

出售固定资产时发生了清理费用，按实际支付或应支付的清理费用和可抵扣的增值税进项税额，借记"固定资产清理"和"应交税费——应交增值税（进项税额）"科目，贷记"银行存款"科目。

出售固定资产时收到了出售价款，按价税合计金额，借记"银行存款"科目；按增值税专用发票上注明的价款和增值税销项税额，贷记"固定资产清理"和"应交税费——应交增值税（销项税额）"科目。

由于出售固定资产发生的净收益属于生产经营期间正常的处置收益，因此固定资产处置完成后，按处置净收益，借记"固定资产清理"科目，贷记"资产处置损益"科目；同理，按处置净损失，借记"资产处置损益"科目，贷记"固定资产清理"科目。

实务案例 出售固定资产的账务处理

乙公司为一般纳税人，出售一栋闲置的厂房，原价 280.00 万元，已计提折旧 112.00 万元，未计提减值准备。已知实际出售价格为 170.00 万元（不含税），增值税税率为 9%，未发生清理费用，款项已存入银行。相关账务处理如下：

①将厂房的账面价值转入清理。

借：固定资产清理　　　　　　　　　　　　　1 680 000.00

　　累计折旧　　　　　　　　　　　　　　　1 120 000.00

　　贷：固定资产　　　　　　　　　　　　　　　2 800 000.00

②收到厂房出售价款。

增值税销项税额 =1 700 000.00×9%=153 000.00（元）

借：银行存款　　　　　　　　　　　　　　　1 853 000.00

　　贷：固定资产清理　　　　　　　　　　　　　1 700 000.00

　　　　应交税费——应交增值税（销项税额）　153 000.00

③结转厂房出售的净损益。

"固定资产清理"科目贷方余额 =1 700 000.00−1 680 000.00=20 000.00（元）

借：固定资产清理　　　　　　　　　　　　　20 000.00

　　贷：资产处置损益　　　　　　　　　　　　　20 000.00

由案例账务处理结果可知，乙公司出售该栋厂房获取了 20 000.00 元的净收益。

（2）固定资产报废

固定资产报废意味着不能再使用，除了可能会有残料变价收入，不能再为企业带来任何经济利益流入。报废处理时，先将固定资产的账面价值转入固定资产清理，该步骤与出售固定资产相同。

固定资产报废处理过程中若有残料变价收入，则按价税合计金额，借记"应收账款"或"银行存款"科目；按出售价款和增值税专用发票注明的税额，贷记"固定资产清理"科目和"应交税费——应交增值税（销项税额）"科目。如果残料入库，则按入库残料的价值，借记"原材料"科目，贷记"固定资产清理"科目。

固定资产清理过程中发生的清理费用的处理也与出售固定资产的处理相同。最后结转报废固定资产发生的净损益，此时需要区分情况，如果固定资产属于生产经营期限正常报废，则结转净收益时借记"固定资产清理"科目，贷记"资产处置损益"科目；结转净损失时借记"资产处置损益"科目，贷记"固定资产清理"科目。如果属于自然灾害等非正常原因造成报废，则结转净收益时借记"固定资产清理"科目，贷记"营业外收入——非流动资产处置利得"科目；结转净损失时借记"营业外支出——非常损失"科目，贷记"固定资产清理"科目。

实务案例 报废固定资产的账务处理

丙公司为一般纳税人，现有一台机器设备因性能退化决定提前报废，其原价为 28.00 万元，已计提折旧 14.00 万元，已计提减值准备 1.40 万元。已知报废时残料变价收入共 2.20 万元，开具增值税专用发票注明税额 2 860.00元。清理过程中发生清理费用 3 800.00 元，所有款项均已结清，相关账务处理如下：

①将报废的机器设备账面价值转入清理。

借：固定资产清理	126 000.00
累计折旧	140 000.00
固定资产减值准备	14 000.00
贷：固定资产	280 000.00

②核算残料变价收入。

借：银行存款	24 860.00
贷：固定资产清理	22 000.00
应交税费——应交增值税（销项税额）	2 860.00

③支付清理费用。

借：固定资产清理　　　　　　　　　　　　　　3 800.00

　　贷：银行存款　　　　　　　　　　　　　　　　3 800.00

④核算机器设备报废处理的净损益。

"固定资产清理"科目借方余额 =126 000.00-22 000.00+3 800.00

　　　　　　　　　　　　　 =107 800.00（元）

借：资产处置损益　　　　　　　　　　　　　107 800.00

　　贷：固定资产清理　　　　　　　　　　　　　107 800.00

公司报废处理这台机器设备发生了 107 800.00 元的净损失。

（3）固定资产损毁

固定资产损毁的账务处理与固定资产报废的账务处理几乎完全相同，只不过会因为损毁的情况而得到保险公司或相关责任人的赔偿，此时需核算应由保险公司或过失人赔偿的损失，借记"其他应收款"科目，贷记"固定资产清理"科目，来看下面这个案例。

实务案例 固定资产损毁的账务处理

甲公司为一般纳税人，因遭遇台风袭击毁损了一座仓库，其原价为 200.00 万元，已计提折旧 120.00 万元，未计提减值准备。在清理过程中，有一批残料收拾入库，估计价值为 8.00 万元，发生清理费用 6 000.00 元，取得增值税专用发票，注明税额 540.00 元。同时经保险公司核定应赔偿损失 40.00 万元，增值税税额为 0.00 元。所有款项均已结清，相关账务处理如下：

①将毁损的仓库账面价值转入清理。

借：固定资产清理　　　　　　　　　　　　　800 000.00

　　累计折旧　　　　　　　　　　　　　　 1 200 000.00

　　贷：固定资产　　　　　　　　　　　　　　2 000 000.00

②残料入库。

借：原材料 80 000.00

　　贷：固定资产清理 80 000.00

③支付清理费用。

借：固定资产清理 6 000.00

　　应交税费——应交增值税（进项税额） 540.00

　　贷：银行存款 6 540.00

④确定并收到保险公司理赔损失。

借：其他应收款——××保险公司 400 000.00

　　贷：固定资产清理 400 000.00

借：银行存款 400 000.00

　　贷：其他应收款——××保险公司 400 000.00

⑤核算仓库毁损处理的净损益。

"固定资产清理"科目借方余额 =800 000.00−80 000.00+6 000.00−400 000.00=326 000.00（元）

借：资产处置损益 326 000.00

　　贷：固定资产清理 326 000.00

从案例的账务处理结果来看，仓库毁损发生了 326 000.00 元的净损失。

（4）用固定资产对外投资

企业用固定资产对外投资的账务处理，可参考本书第 3 章 3.1.4 节的内容，只不过此时企业作为投资方，而不是接受投资的一方。

作为投资方，按双方协议价，借记"长期股权投资"等科目；按已计提的累计折旧，借记"累计折旧"科目；按固定资产的账面原价，贷记"固定资产"科目；按双方协议净价与固定资产账面净值之间的差额借记或贷记"资本公积"科目。账务处理比较简单，这里不再单独举例说明。

5.3.2 处置无形资产需要处理的账务

企业处置无形资产与处置固定资产类似，主要有出售（即转让）和报废等处理类型。处置无形资产时，企业应将取得的价款扣除该项无形资产账面价值以及出售产生的相关税费后的差额，作为资产处置损益进行会计核算。

（1）转让无形资产

如果是转让无形资产，则应按实际收到或应收的金额，借记"银行存款"或"应收账款"科目；按已计提的累计摊销，借记"累计摊销"科目；按已计提的减值准备，借记"无形资产减值准备"科目；按无形资产账面余额，贷记"无形资产"科目；按开具的增值税专用发票上注明的税额，贷记"应交税费——应交增值税（销项税额）"科目；按照借贷方差额，借记或贷记"资产处置损益"科目。

📌 **实务案例** 转让无形资产的账务处理

丙公司为一般纳税人，其将拥有的一项专利权转让给甲公司，开具增值税专用发票，注明价款48.00万元（不含税），税率6%。所有款项均已存入银行。已知该项专利权的成本为65.00万元，已累计摊销19.5万元。丙公司会计人员应做如下账务处理：

增值税销项税额 =480 000.00×6%=28 800.00（元）

无形资产账面余额 =650 000.00-195 000.00=455 000.00（元）

实际收到金额 =480 000.00+28 800.00=508 800.00（元）

借方余额 =508 800.00+195 000.00-455 000.00-28 800.00=220 000.00（元）

说明借方金额合计比贷方金额合计多220 000.00元，则"资产处置损益"科目应在贷方，表现为无形资产处置收益。

借：银行存款   508 800.00

累计摊销	195 000.00
贷：无形资产	455 000.00
应交税费——应交增值税（销项税额）	28 800.00
资产处置损益	220 000.00

（2）无形资产报废处理

如果无形资产预期不能为企业带来未来经济利益，就应做报废处理，此时要将无形资产账面价值全部予以转销，通过"营业外支出"科目计入当期损益。按已计提的累计摊销，借记"累计摊销"科目；按已计提的减值准备，借记"无形资产减值准备"科目；按无形资产账面余额，贷记"无形资产"科目；按借贷方差额，借记"营业外支出"科目。

📌　**实务案例** 无形资产报废的账务处理

乙公司为一般纳税人，拥有一项非专利技术。由于经营范围的更改，原专利技术不再适用，只能做报废处理。已知该项技术原价为 120.00 万元，已计提累计摊销 72.00 万元，未计提减值准备。核算该无形资产报废处理的净损益，账务处理如下：

借：营业外支出	480 000.00
累计摊销	720 000.00
贷：无形资产——非专利技术	1 200 000.00

（3）无形资产对外投资

用无形资产对外投资的账务处理，可直接参考固定资产的对外投资。作为投资方，企业应按双方协议价，借记"长期股权投资"等科目；按已经摊销的金额，借记"累计摊销"科目；按无形资产的账面原价，贷记"无形资产"科目；按双方协议净价与固定资产账面净值之间的差额借记或贷记"资本公积"科目。

5.3.3　现金盘盈盘亏怎么做账

企业对资产的管理，除了前面章节介绍的购进和使用，以及本章介绍的折旧、摊销、出租、出售（或转让）毁损、报废及对外投资等处理外，还有一项很重要的工作，就是资产的清查，包括对现金、存货以及固定资产的清查等，这些实物资产通常使用实地盘点法清查，且盘点时都需要填写相应的盘点报告（如现金盘点报告、存货盘点报告和固定资产盘点报告），及时查明原因，按照规定程序报批处理。

本小节先来看看现金清查的处理。企业为了确保现金的安全，除了应严格遵循"钱账分管"的原则外，还应定期或不定期地清查现金，以保证库存现金账实相符。如果清查过程中，库存现金账实相符，则不涉及账务处理，但如果现金盘盈或者盘亏，就需要进行相应的账务处理。

（1）现金盘盈

现金盘盈指在现金清查盘点过程中，发现库存现金实有数大于库存现金账面数。发生现金盘盈，在审批前，按照盘盈的金额将账面数调整为实有数，借记"库存现金"科目，贷记"待处理财产损溢"科目；审批后按照审批意见处理，借记"待处理财产损溢"科目，贷记"营业外收入"或"其他应付款"科目。

实务案例 现金盘盈的账务处理

20×3年3月26日，甲公司开展每月一次的资产清查工作。在清查盘点过程中，发现库存现金实际数额比账面余额多了600.00元，经审批，无法查明现金盘盈的原因，将其计入营业外收入，相关账务处理如下：

①审批处理前将库存现金账面数调整为实有数。

借：库存现金　　　　　　　　　　　　　　　600.00

　　贷：待处理财产损溢　　　　　　　　　　　　　　600.00

②审批后，按处理意见将其计入营业外收入。

借：待处理财产损溢　　　　　　　　　　　　600.00

　　贷：营业外收入　　　　　　　　　　　　　　　　600.00

该案例中，如果审批后，发现盘盈的库存现金是需要支付给某员工的差旅费，则第②个会计分录编制如下：

借：待处理财产损溢　　　　　　　　　　　　600.00

　　贷：其他应付款——××　　　　　　　　　　　　600.00

（2）现金盘亏

现金盘亏与现金盘盈相反，是指现金清查盘点过程中发现库存现金实有数小于库存现金账面数。发生现金盘亏，在审批前，按照盘亏的金额将账面数调整为实有数，借记"待处理财产损溢"科目，贷记"库存现金"科目；审批后按照审批意见处理，借记"其他应收款"或"管理费用"科目，贷记"待处理财产损溢"科目。

📌 **实务案例** 现金盘亏的账务处理

20×3年3月29日，乙公司开展了现金清查盘点工作。在清查盘点过程中，发现库存现金实际数额比账面余额少了200.00元，经审批，无法查明现金短缺原因，将其计入管理费用，相关账务处理如下：

①审批处理前将库存现金账面数调整为实有数。

借：待处理财产损溢　　　　　　　　　　　　200.00

　　贷：库存现金　　　　　　　　　　　　　　　　200.00

②审批后，按处理意见将其计入管理费用。

借：管理费用   200.00

    贷：待处理财产损溢   200.00

该案例中，如果经查明原因是出纳人员保管不善导致丢失，则需要由出纳人员将现金短缺款补齐，那么第②个会计分录编制如下：

借：其他应收款——××   200.00

    贷：待处理财产损溢   200.00

5.3.4 存货盘盈盘亏的账务处理

企业在做资产清查时，也需要清查盘点存货，并与其账面结存数进行核对，从而确保账实相符，即实存数与账面结存数相等。

无论是生产性企业还是商品流通企业，存货的种类都会比较多，收发也可能非常频繁，日常收发过程中也难免会发生计量错误、计算错误、自然损耗、损坏变质以及贪污和盗窃等情况，从而造成账实不符，也就会形成存货盘盈、盘亏。

（1）存货盘盈

存货盘盈指清查盘点存货时，发现其实有数大于其账面余额。发生存货盘盈时，同样按照盘盈的存货价值将其账面数调整为实有数，借记"原材料"或"库存商品"等科目，贷记"待处理财产损溢"科目；按管理权限报经批准后，借记"待处理财产损溢"科目，贷记"管理费用"科目。

实务案例 存货盘盈的账务处理

20×3年3月26日，甲公司开展每月一次的资产清查工作。在清查盘点过程中，发现A原材料实有数比其账面余额多了424.00元，经查明原因是材料收发计量方面出错导致了盘盈，会计人员应编制的会计分录如下。

①批准处理前，将账面数调整为实有数。

借：原材料——A 材料   424.00

　　贷：待处理财产损溢   424.00

②批准处理后，按处理意见将其计入管理费用。

借：待处理财产损溢   424.00

　　贷：管理费用   424.00

由于存货的盘盈大多数时候都是计量问题引起的，因此几乎都将盘盈的存货价值抵减当期管理费用。

（2）存货盘亏

存货盘亏指清查盘点存货时，发现其实有数小于其账面余额。发生存货盘亏时，按照盘亏的存货价值将账面数调整为实有数，借记"待处理财产损溢"科目，贷记"原材料"或"库存商品"等科目；按管理权限报经批准后，需要根据不同的情况分别处理。

◆ 有残料入库的，按入库的残料价值，借记"原材料"科目，贷记"待处理财产损溢"科目。

◆ 如果由保险公司或过失人赔偿，按应赔偿款，借记"其他应收款"科目，贷记"待处理财产损溢"科目。

◆ 扣除残料价值和应由保险公司、过失人赔偿后的净损失，属于一般经营损失的部分，借记"管理费用"科目，贷记"待处理财产损溢"科目；属于因自然灾害等不可抗力因素导致的非常损失，借记"营业外支出——非常损失"科目，贷记"待处理财产损溢"科目。

注意，在批准处理前，如果发现原材料是因为管理不善导致的被盗、丢失或霉烂变质等损失，则盘亏的原材料对应的增值税进项税额需要进行转出处理（前提是这部分进项税额已经在前期做了抵扣处理，如果没有，则这里不需要做转出处理）。

实务案例 由于管理不善造成存货盘亏的账务处理

20×3 年 3 月 29 日，乙公司开展存货清查盘点工作，发现 B 材料有一部分霉烂变质不能再使用，实际成本共 1 200.00 元，对应的增值税进项税额 156.00 元已经抵扣。经查明，该批霉烂变质的 B 材料属于材料保管员的过失造成的，按规定应由其个人赔偿 800.00 元，相关账务处理如下：

①批准处理前按盘亏的原材料调整其账面余额。

借：待处理财产损溢   1 356.00

    贷：原材料——B 材料   1 200.00

        应交税费——应交增值税（进项税额转出）   156.00

②批准处理后确认应由过失人赔偿的部分和材料毁损净损失。

毁损净损失 =1 356.00－800.00=556.00（元）

借：其他应收款——××   800.00

    贷：待处理财产损溢   800.00

借：管理费用   556.00

    贷：待处理财产损溢   556.00

实务案例 由于暴雨造成存货盘亏的账务处理

丙公司所在地近期发生了暴雨，公司在暴雨过后进行了存货清查盘点，发现一批 L 材料毁损不可用，实际成本 69 000.00 元，对应的增值税进项税额 8 970.00 元。根据保险合同约定，这批材料可由保险公司赔偿 48 300.00 元。相关账务处理如下：

①批准处理前，按盘亏的原材料调整其账面余额。

由于这批材料是暴雨造成的，所以对应的增值税进项税额可以进行抵扣，这里不需要做转出处理。

借：待处理财产损溢   69 000.00

　　　　贷：原材料——L材料　　　　　　　　　　　　　69 000.00

②批准处理后应由保险公司赔偿的部分和材料毁损净损失。

借：其他应收款——××保险公司　　　　　　　　48 300.00

　　营业外支出——非常损失　　　　　　　　　　20 700.00

　　　　贷：待处理财产损溢　　　　　　　　　　　　　69 000.00

　　这里的两个案例，前面一个案例的原材料毁损是管理不善造成的，因此净损失计入管理费用，而后一个案例的原材料毁损是暴雨造成的，属于自然灾害引起的非常损失，所以净损失计入营业外支出。

5.3.5　固定资产的盘盈盘亏怎么处理

　　除了现金和存货需要清查盘点，企业的固定资产也需要定期或不定期清查，以保证固定资产账实相符。固定资产的盘点结果除了账实相符，就是盘盈或盘亏。

（1）固定资产盘盈

　　固定资产盘盈指财产清查过程中，发现固定资产的实有数大于其账面数。需要注意的是，固定资产盘盈时，使用的会计科目不是"待处理财产损溢"科目，而是"以前年度损益调整"科目。因为固定资产的盘盈会涉及调账，所以需要借助"以前年度损益调整"科目来影响调整当期的当期损益。

　　盘盈的固定资产，按其重置成本确定入账价值，从而调整企业所有固定资产账面余额，借记"固定资产"科目，贷记"以前年度损益调整"科目；按应补缴的企业所得税，借记"以前年度损益调整"科目，贷记"应交税费——应交企业所得税"科目；按应计提的盈余公积和剩余未分配利润，借记"以前年度损益调整"科目，贷记"盈余公积——法定盈余公积"科目和"利润分配——未分配利润"科目。

实务案例 盘盈固定资产的账务处理

甲公司为一般纳税人，20×3 年 3 月 30 日在财产清查过程中发现去年 12 月 31 日购买的一台设备尚未入账，其重置成本为 3.50 万元。按照规定，公司需按净利润的 10% 提取法定盈余公积，不考虑增值税和其他因素的影响，会计人员需要做如下账务处理：

①盘盈固定资产，按盘盈的价值调整账面余额。

借：固定资产   35 000.00

  贷：以前年度损益调整   35 000.00

②确定应补缴的企业所得税。

应补缴企业所得税 =35 000.00×25%=8 750.00（元）

借：以前年度损益调整   8 750.00

  贷：应交税费——应交企业所得税   8 750.00

③核算应提取的法定盈余公积并确认剩余收益。

提取的法定盈余公积 =（35 000.00－8 750.00）×10%=2 625.00（元）

借：以前年度损益调整   26 250.00

  贷：盈余公积——法定盈余公积   2 625.00

    利润分配——未分配利润   23 625.00

该案例中固定资产的盘盈净收益为 26 250.00 元（35 000.00－8 750.00），最后"利润分配——未分配利润"科目的 23 625.00 元是盘盈固定资产的净收益在补缴企业所得税并提取了法定盈余公积后的剩余收益。

（2）固定资产盘亏

固定资产盘亏指财产清查过程中，发现固定资产的实有数小于其账面数。固定资产盘亏与现金和存货的盘亏一样，需借助"待处理财产损溢"科目核算。同样，人为原因造成的固定资产盘亏，要考虑做增值税进项税额处理；而因自然灾害等不可抗力造成的盘亏，不需要做进项税额转出处理。

批准处理前，盘亏的固定资产，按照其账面价值，借记"待处理财产损溢"科目；按已计提的累计折旧，借记"累计折旧"科目；按已计提的减值准备，借记"固定资产减值准备"科目；按固定资产原价，贷记"固定资产"科目。按管理权限报经批准处理时，按可收回的保险赔偿或过失人赔偿，借记"其他应收款"科目；按盘亏净损失，借记"营业外支出——盘亏损失"科目，贷记"待处理财产损溢"科目。

📌 实务案例 盘亏固定资产的账务处理

丙公司为一般纳税人，20×3年3月31日进行财产清查时，发现短缺一台笔记本电脑，原价3 400.00元，已计提折旧2 125.00元。通过详细排查也未能找到原因。针对该盘点工作，会计人员需要做如下账务处理：

①批准处理前，按固定资产账面价值调整固定资产账面余额。

借：待处理财产损溢   1 275.00

　　累计折旧   2 125.00

　　贷：固定资产   3 400.00

②批准处理后，确认盘亏净损失。

借：营业外支出——盘亏损失   1 275.00

　　贷：待处理财产损溢   1 275.00

✏️ 实务答疑

问：资产减值该怎么处理？

答：资产减值处理主要包括存货减值处理、固定资产减值处理和无形资产减值处理。由于这些资产的可收回金额存在低于其账面价值的情况，因此为了反映和监督这些资产的跌价准备和减值准备的计提、转回以及转销情况，就需要对其进行减值处理。存货减值通过设置"存货跌价准备"科目进行核算；固定资产减值通过设置"固定资产减值准备"科目进行核算；无形资产减值通过设置"无形资产减值准备"科目核算。各自的账务处理如图 5-5 所示。

存货

计提	借：资产减值损失——计提的存货跌价准备 　　贷：存货跌价准备
转回	借：存货跌价准备 　　贷：信用减值损失——计提的存货跌价准备
转销	借：存货跌价准备 　　贷：主营业务成本 / 其他业务成本等

固定资产

计提	借：资产减值损失——计提的固定资产减值准备 　　贷：固定资产减值准备	
转销	借：固定资产清理 　　固定资产减值准备 　　贷：固定资产	（这里不考虑累计折旧） （注意这里是原值）

无形资产

计提	借：资产减值损失——计提的无形资产减值准备 　　贷：无形资产减值准备	
转销	借：银行存款等 　　固定资产减值准备 　　贷：无形资产 　　　资产处置损益	（这里不考虑累计摊销） （注意这里是原值） （借方或贷方）

图 5-5　账务处理

注意，应收账款和存货发生的减值损失确认后，以后会计期间有变动的，还可以转回。但是固定资产和无形资产已经确认的减值损失，在以后会计期间不得转回。

问：企业哪些业务可能需要开具收据？

答：收据是企事业单位在经济活动中使用的原始凭证，主要是指财政部门印制的盖有财政票据监制章的收付款凭证，用于行政事业性收入，即非应税业务。如单位材料内部调拨、收取员工押金、退还多余出差借款等业务，行政事业单位发生行政事业性收费，以及单位按照规定发生的不需要纳税的业务，这些都可以开具收据。

问：报销用的粘贴单怎么正确使用？

答：粘贴单一般指原始凭证粘贴单，是用来粘贴原始凭证的，作用是汇总、归类原始凭证和单据，保证原始凭证不丢失。一般附于记账凭证之后，与记账凭证一起装订成册，以备日后查询。粘贴单具体的使用规则为：①发票或原始单据从右到左、先小张后大张地粘贴，粘贴时不能使用双面胶；②粘贴的票据要与粘贴单上下、左右对齐，不能超过粘贴单上下和左右边界，每张票据大约错开 1 厘米左右的距离，票据呈鱼鳞状分布；③每张粘贴单粘贴票据 10 ~ 15 张左右（票据较小的可适当增加为 15 ~ 20 张），发票或原始单据要分类粘贴，并保持整齐、平整和均匀；④如果遇到发票面积较大而超过粘贴单边界的，可以在看得见发票内容明细的情况下以粘贴单的上下及右边为基准，将超出边界的部分折叠好即可。

问：一个会计年度内确需更改折旧方法怎么办？

答：根据《企业会计准则第 4 号——固定资产》的规定，固定资产的折旧方法一经确定，不得随意变更。但是，符合本准则第十九条规定的除外。也就是说，与固定资产有关的经济利益预期实现方式有重大改变的，应改变固定资产折旧方法。这种情况就不受"一个会计年度内"的限制。

第6章

登记会计账簿并做好对账结账工作

在公司内部，根据发生的经济业务或事项填制原始凭证和编制记账凭证并不是会计人员的全部工作，在填制记账凭证后还需要登记会计账簿，紧接着还要进行查账、对账，最后完成结账。完成这一系列的工作才算是构成了会计人员的整个基本工作链。因此，会计人员除了要掌握凭证的填制，还需要学会会计账簿的登记以及对账、结账工作的处理。

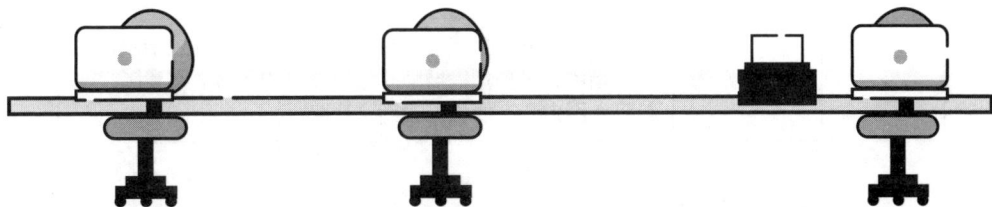

6.1 按时登记各种会计账簿

企业会计账簿按照不同的分类标准，可以分成多种类型，见表 6-1。新公司财会人员也需要了解相关内容。

表 6-1 企业会计账簿分类

分类依据	种 类	概 念
用途	序时账簿	又称日记账，是按照经济业务发生时间的先后顺序逐日、逐笔登记的账簿，在我国，常见的日记账有现金日记账和银行存款日记账
	分类账簿	指按照分类账户设置登记的账簿，按其反映经济业务的详略程度不同分为总分类账簿和明细分类账簿
	备查账簿	又称辅助登记簿或补充登记簿，是对某些在序时账簿和分类账簿中未能记载或记载不全的经济业务进行补充登记的账簿，如租入固定资产登记簿、应收票据备查登记簿等
账页格式	三栏式账簿	指账页设有借方、贷方和余额 3 个金额栏的账簿，一般是各种日记账、总账和资本、债权、债务明细账等
	多栏式账簿	指账簿账页设置的借方和贷方两个金额栏中又按需要分设了若干专栏的账簿，一般是收入、成本和费用明细账
	数量金额式账簿	指在账页的借方、贷方和余额 3 个栏目内，每个栏目再分设数量、单价和金额 3 个小栏目，借此反映财产物资的实物数量和价值量的账簿，一般是原材料、库存商品和周转材料等明细账
外形特征	订本式账簿	简称订本账，指在启用前就已经将编有顺序页码的一定数量的账页装订成册的账簿，适用于总分类账和日记账
	活页式账簿	简称活页账，指将一定数量的账页置于活页夹内，可根据记账内容的变化随时增加或减少部分账页的账簿，适用于各种明细分类账
	卡片式账簿	简称卡片账，指将一定数量的卡片式账页存放于专设的卡片箱中，可根据需要随时增添账页的账簿。在我国，一般只对固定资产的核算采用卡片账

6.1.1 现金日记账与银行存款日记账的登记

现金日记账和银行存款日记账都属于序时账簿，因此日常工作中需要逐日、逐笔登记。

（1）现金日记账

现金日记账用来核算和监督库存现金的日常收、付和结存情况，一般采用三栏式订本账，设"借方""贷方"和"余额"3个金额栏目，实务中对应称为"收入""支出"和"结余"，如图6-1所示为现金日记账的一般账页格式。

现 金 日 记 账

年		凭证		摘要	对方科目	收入（借方）									核对	支出（贷方）									核对	结余（余额）									核对
月	日	种类	号数			百	十	万	千	百	十	元	角	分		百	十	万	千	百	十	元	角	分		百	十	万	千	百	十	元	角	分	

图 6-1　现金日记账

现金日记账由企业的出纳人员根据库存现金收款凭证、库存现金付款凭证和银行存款付款凭证，按照库存现金收、付款业务和银行存款付款业务发生时间的先后顺序逐日、逐笔登记。详细的登记方法如下：

◆ **日期栏**：填写记账凭证的日期，应与库存现金实际收付日期一致。

◆ **凭证栏**：登记入账的收付款凭证的种类和编号，如"现收字×号""现付字×号""银付字×号"等。

◆ **摘要栏**：概括说明登记入账的经济业务内容。

◆ **对方科目栏**：记库存现金收入的来源科目或支出的用途科目。如从银行提取现金，库存现金收入来源科目（即对方科目）为"银行存款"。

◆ **收入、支出栏**：即借方和贷方栏，记库存现金实际收付金额。

◆ **余额栏**：每日终了，应分别计算库存现金收入和付出的合计数，并结出余额，同时将余额与出纳人员的库存现金实有数核对。如果账款不符，应查明原因并记录备案。

（2）银行存款日记账

银行存款日记账用来核算和监督银行存款的日常收、付和结存情况，通常也采用三栏式订本账，有时会采用多栏式。其账页格式与现金日记账基本相同，但在账页左上角多了"开户行"栏和"账号"栏，如图6-2所示。

银 行 存 款 日 记 账

开户行
账　号

年		凭证		对方科目	摘要	收入（借方）									支出（贷方）									结余（余额）									核对
月	日	种类	号数			百	十	万	千	百	十	元	角	分	百	十	万	千	百	十	元	角	分	百	十	万	千	百	十	元	角	分	

图 6-2　银行存款日记账

银行存款日记账也由企业出纳人员根据与银行收付业务有关的记账凭证（如银行存款收款凭证、银行存款付款凭证和现金付款凭证），按时间先后顺序逐日、逐笔登记。详细登记方法如下：

◆ **开户行栏**：填写企业用于收付款的开户行名称。

◆ **账号栏**：填写企业在开户行的账户账号。

◆ **日期栏**：填写记账凭证的日期，应尽量与银行存款实际收付日期一致。

◆ **凭证栏**：登记入账的收付款凭证的种类和编号，如“银收字 × 号”“银付字 × 号”和“现付字 × 号”。

◆ **摘要栏**：概括说明登记入账的经济业务内容。

◆ **对方科目栏**：记银行存款收入的来源科目或支出的用途科目。如当天收到销售货款，银行存款收入来源科目（即对方科目）为“主营业务收入”。

◆ **收入、支出栏**：即借方和贷方栏，记银行存款实际收付金额。

◆ **余额栏**：每日终了，应分别计算银行存款收入和支出的合计数，并结出余额，并定期将余额与银行对账单余额核对。如果账款不符，应查明原因并记录备案。

6.1.2 处理各账户的总账登记工作

总账即总分类账，是按照总分类账户分类登记以提供总括会计信息的账簿。常用三栏式账簿，设有“借方”“贷方”和“余额”三个栏目，如图 6-3 所示。

总　账

会计科目及编号名称：________

年		记账凭证号数	摘要	页数	借方									贷方									借或贷	余额								
月	日				百	十	万	千	百	十	元	角	分	百	十	万	千	百	十	元	角	分		百	十	万	千	百	十	元	角	分

图 6-3　总分类账簿

总分类账的登记方法会因为登记的依据不同而不同，经济业务少的小型单位，其总分类账可根据记账凭证逐笔登记；经济业务多的大中型单位，其总分类账可根据记账凭证汇总表或汇总记账凭证等定期登记。具体登记方法如下：

◆ **记账凭证号数栏**：填写登记总账所依据的字和号。在依据记账凭证登记总账的情况下，填写记账凭证的字、号；在依据科目汇总表登记总账的情况下，填写"科汇"字及其编号；在依据汇总记账凭证登记总账的情况下，填写"现（银）汇收"字及其编号等。

◆ **日期栏**：在逐日、逐笔登记总账的情况下，填写业务发生的具体日期，即记账凭证的日期；在汇总登记总账的情况下，填写汇总凭证的日期。

◆ **摘要栏**：填写所依据的凭证的摘要内容。依据记账凭证登记总账的，应与记账凭证中的摘要内容一致；依据科目汇总表登记总账的，应填写"×月科目汇总表"或"×月×日科目汇总表"字样；依据汇总记账凭证登记总账的，应填写每一张汇总记账凭证的汇总依据，即依据第×号记账凭证至第×号记账凭证而来；依据多栏式日记账登记总账的，应填写日记账的详细名称。

◆ **借或贷栏**：登记余额的方向，若余额在借方，则写"借"字；若余额在贷方，则写"贷"字；若期末余额为零，则写"平"字，并在"余额"栏的中间划"/"符号。

◆ **借方、贷方栏**：填写所依据的凭证上记载的各总账账户的借方或贷方发生额。

◆ **余额栏**：对于需要按月结出余额的总账账户，在每月最后一笔经济业务下方划一条通栏单红线并结出当月余额，然后在余额行下一行再划一条通栏单红线，以便与下月发生额隔开。

6.1.3 按时准确登记各明细分类账

明细分类账是根据有关明细分类账户设置并登记的账簿，它提供的父易或事项的核算资料比较详细、具体,能够弥补总账提供的总括资料的不足。常用活页式账簿或卡片式账簿，如图6-4所示的是三栏式明细分类账账页格式。

						借　方									贷　方								借或贷	余　额								
年		记账凭证号数	摘要	页数		百	十	万	千	百	十	元	角	分	百	十	万	千	百	十	元	角	分		百	十	万	千	百	十	元	角	分
月	日																															

_____明细账

图 6-4　明细分类账簿

明细分类账一般根据记账凭证和相应的原始凭证来登记。如应收账款和应付账款等账户的明细账，根据转账凭证和相应的增值税发票登记；原材料和库存商品等账户的明细账，根据现金付款凭证、银行存款收款凭证、银行付款通知、银行收款通知、增值税发票以及入库单和出库单等凭证登记；生产成本、主营业务收入等账户的明细账，根据转账凭证、现金或银行存款收付款凭证、增值税发票和领料单等凭证登记。

由此可见，明细账的登记依据比总账的登记依据更详细，大多数都是第一手会计资料。登记明细账的具体方法如下：

◆ **日期栏**：填写业务发生的具体日期，即记账凭证的日期。

◆ **记账凭证号数栏**：填写登记明细账依据的凭证字号。

◆ **摘要栏**：填写所依据的凭证的摘要内容。

◆ **借或贷栏**：登记余额的方向，若余额在借方，则写"借"字；若余额在贷方，则写"贷"字；若期末余额为零，则写"平"字，并在"余额"栏的中间划"/"符号。

◆ **借方、贷方栏**：填写所依据的凭证上记载的各账户的借方或贷方发生额。

◆ **余额栏**：对于现金日记账、银行存款日记账和按月结计发生额的
收入、费用等明细账，每月结账时，要在最后一笔经济业务记录
下面划通栏单红线，结出本月发生额和余额。

6.2 检查核对当期账目避免错账

无论是手工做账，还是实行会计电算化，所有经济数据均需通过会计
人员手工填写或者录入到财务系统中，因此难免会产生错账。而错账对企
业的财务管理工作来说是不利的，尤其是新公司，不仅影响会计核算的准
确性，更会影响会计报表甚至报告的准确性，给经营者、领导者以及财报
使用者以错误的引导，进而影响经营决策和投资决策。

所以，企业必须在期末对各账目进行检查核对，以及时发现存在的错账，
并及时更正、调整，保证会计信息的正确性。

6.2.1 检查核对时查核"什么"

在企业的例行对账工作中，主要包括四大类：账证核对、账账核对、
账实核对和账表核对，下面分别介绍详细内容。

（1）账证核对

账证核对指账簿记录与会计凭证进行核对，主要核对账簿记录与原始
凭证、记账凭证的时间、凭证字号、内容和金额等是否一致，记账方向是
否相符，以此保证账证相符。

（2）账账核对

账账核对就是账簿与账簿之间的核对，具体又分为总分类账簿之间的

核对、总分类账簿与所辖明细分类账簿之间的核对、总分类账簿与序时账簿之间的核对和明细分类账簿之间的核对。具体内容见表6-2。

表6-2 账账核对的具体内容

核对内容	具体工作
总分类账簿之间核对	按照"资产＝负债＋所有者权益"这一会计恒等式和"有借必有贷，借贷必相等"的记账规则，检查核对总分类账簿各账户的期初余额、本期发生额和期末余额之间存在的对应、平衡关系，以此查看总账记录是否正确、完整
总分类账簿与所辖明细分类账簿核对	核对总分类账各账户的期末余额与其所辖各明细分类账的期末余额之和，看是否相符
总分类账簿与序时账簿核对	主要是将现金总账和银行存款总账的期末余额与现金日记账和银行存款日记账的期末余额进行核对，看是否相符
明细分类账簿之间核对	主要是对各相关联的明细账进行记录核对，如会计部门有关实物资产的明细账与财产物资保管部门或使用部门的明细账的核对，以此检查余额是否相符

（3）账实核对

账实核对指各项财产物资、债权债务等账面余额与各自的实有数额之间进行核对，主要包括下列四项内容：

◆ 现金日记账账面余额与现金实际库存数逐日核对，看是否相符。

◆ 企业银行存款日记账账面余额与银行对账单余额定期核对，看是否相符。

◆ 各项财产物资明细账账面余额与财产物资实有数额定期核对，看是否相符。

◆ 有关债权债务明细账账面余额与对方单位债权债务账面记录核对，看是否相符。

（4）账表核对

账表核对指会计账簿与会计报表之间的核对，主要看会计报表各项目数据与有关账簿记录是否相符，以判断报表各项目的数据是否存在差错，报表是否如实地反映了企业的财务状况、经营成果和现金流量。具体的核对工作如下：

◆ 核对会计报表中某些数字是否与有关总分类账的期末余额相符，如库存现金、银行存款、固定资产、应收票据等。

◆ 核对会计报表中某些数字是否与有关明细分类账的期末余额相符，如应收账款、应付账款等。

◆ 核对会计报表中某些数字是否与有关明细分类账的发生额相符，如原材料、周转材料、低值易耗品等。

6.2.2 巧妙运用查账方法快速查账

在具体的查账、对账工作中，一些特殊的错账在进行了前述对账工作后，可能依然无法检查出来，此时就需要借助一些查账方法来快速找到有问题的账目，然后及时更正、调整，比如除二法、除九法。

（1）除二法查账

除二法也称"除二查对法"，主要审查会计记账方向发生错误的错账。在借贷记账法下，如果借贷方数据不平衡，则可能是记账方向相反造成的，这样就会出现借贷方相差一倍数字的情况。在查账时，可将错账的差数除以"2"，根据得出的商数在凭证和账簿中进行对照，查找相同数字，就有可能发现错账。

实务案例 适合使用除二法查错账的情况分析

20×3 年 3 月，某公司会计人员编制了科目汇总表，发现借贷方合计数不相等。于是查账人员将借贷方合计数做了减法，发现借贷方合计数相差数额为偶数 1 482.40 元。鉴于此，查账人员用除二法检查错账。

除二法商数 =1 482.40÷2=741.20（元）

查账人员根据这一商数，检查账簿中是否有 741.20 元的经济业务。果然，在一项残料入库的经济事项中，原本应该计入借方的原材料 741.20 元，计入了"原材料"科目的贷方；于是采用逆查法找到相关的记账凭证，发现记账凭证上借贷方向也记录错误。随后找到记账人员，要求其按规定更正错账。

需要说明的是，如果通过减法算出借贷方差数是奇数，则不太可能是会计科目的记账方向错误，因此也就不适用于除二法查错账。

（2）除九法查账

除九法也称"除九查对法"，是用来审查和查找会计记账数字顺序错位或数字前后颠倒引起错账的方法。

● 记账数字顺序错位——除九法

记账数字顺序错位是指数字写错位数，如 70 写成 700，这就使原数据被增大了 9 倍。如果用 9 去除这个被增大的差数，就可以得到原来正确的数字。比如 60 写成了 600，被增大的差数为 540（600-60），除以 9，得到的商数为 60，也就是原来正确的数字。

但要注意，如果是将 600 写成了 60，差数 540 就是被减小的差数，除以 9，得到的商数 60 就是错误的数字，而原来正确的数字就要加上 540，即 600。所以实务中通常需要查找两次。下面来看一个实例。

实务案例 会计工作中用除九法查记账数字顺序错位的错账

假设 4 月末，某公司会计人员在编制试算平衡表时发现，借贷方发生额合计数不相等，且相差 720.00 元。于是会计人员决定先使用除二法，查找有无数据为 360.00 元的经济业务，结果发现没有。然后又决定利用除九法查找错账。

首先检查 80.00 写成 800.00 元，被增大的差数为 720（800-80），除以 9，得到商数 80，此时查找是否有经济业务数据为 80.00 写成了 800.00。如果没有找到，则检查 800.00 元写成 80.00 元，被减小的差数为 720，除以 9，得到商数 80，此时查找是否有经济业务数据为 800.00 写成了 80.00。

如果还没有找到，则需要检查其他情形。比如 100.00 写成 10.00 或 10.00 写成 100.00，200.00 写成 20.00 或 20.00 写成 200.00……以此类推。

前述介绍的记账数字错位都是比较特殊的正数，对于 430 错位写成 43，25 错位写成 2.5 等，也都可以运用该方法进行错账查找。

● 记账数字颠倒——除九法

数字颠倒是指某一个数据的前后两个数字的位数颠倒，如 223 写成 232，两数相差 9，用 9 来除这个差数，得出商数为 1，说明颠倒的数字之间的差为 1，如这里的 2 和 3。数字错位发生在百位、千位的，以此类推。

实务案例 用除九法查找记账数字颠倒的错账

月底，某公司进行查账工作，发现某会计账户的总账记录与明细账记录有出入，且总账比明细账记录多了 27.00 元。由于差数不是偶数，所以抛开除二法，直接用除九法查找错账。

先考虑是因为记账数字错位导致的错账，利用相关方法没有找到错账。于是会计人员猜测是因为记账数字颠倒引起的错账。用 9 来除差数 27，得出商数为 3，说明颠倒的数字之间的差为 3，如 3 和 6 颠倒、2 和 5 颠倒等。

同时由于差数为 27，因此不可能是千位数与百位数颠倒。鉴于此，会计人员可直接查找数据中同时有 3 和 6 或者同时有 2 和 5 的经济业务。最后查出了一笔明细账记录正确为 336.00 元，而总账记录错误为 363.00 元的经济业务，总账比明细账多了 27.00 元。

除九法在实务工作中虽然比较实用，但也确实需要花一些时间，财务人员使用时一定要思路清晰，否则很容易重复查账，从而无法实现快速查错账的目的。

6.2.3 公司内部对账需要用到的试算平衡表

试算平衡表指某一时点上的各种账户及其余额的列表。企业当期的会计实务中涉及的各个账户的余额都会反映在试算平衡表中相应的借方或贷方栏中，用以检查借贷方是否平衡、各账户记录有无错误。如图 6-5 所示的是简单的试算平衡表样式。

试算平衡表

编制单位：　　　　　　　　　　年　月　日　　　　　　　　　单位：元

科目代码	科目名称	期初余额		本期发生额		期末余额	
		借方	贷方	借方	贷方	借方	贷方
	合计						

会计主管：　　　　　　　　　　　　　　制表人：

图 6-5　试算平衡表

借助试算平衡表并结合相应的计算公式，可检查企业的如下三大类账目内容：

①检查每次会计分录的借贷金额是否平衡；

②检查总分类账户的借贷发生额是否平衡；

③检查总分类账户的借贷余额是否平衡。

而结合的相应公式主要有以下三个：

全部账户的借方期初余额合计数 = 全部账户的贷方期初余额合计数

全部账户的借方发生额合计数 = 全部账户的贷方发生额合计数

全部账户的借方期末余额合计数 = 全部账户的贷方期末余额合计数

需要特别注意的是，通过试算平衡表检查账簿记录是否正确，其判断结果并不是绝对的。如果借贷不平衡，则可以非常肯定的是账户记录或是计算有错误。但如果借贷平衡，此时查账人员就不能绝对肯定地认为账户记录没有错误，因为会计上有一些错误并不影响借贷双方的平衡关系，比如在某个账户中重记或漏记某项经济业务，或者将经济业务的借贷方向记反等，这些错账就不一定能通过试算平衡被发现。

因此，利用试算平衡表检查账簿记录的借贷平衡时，还需要多留心，看是否存在上述介绍的不能通过试算平衡表检查出来的错账。

6.2.4　与开户行对账要借助银行存款余额调节表

对企业来说，有些账目的核对工作可以在内部搞定，但有些账目的核对需要与银行或者合作单位一同进行。比如与银行对账，主要是核对企业的银行存款账目记录是否正确，核对时，将企业的银行存款日记账与银行开出的对账单进行核对，看两者反映的银行存款余额是否相等，若相等，就说明银行存款日记账的记录是正确的。

但是，实务中常常会出现一些银行存款的未达账项，导致企业的银行存款日记账与对账单的记录不一致。此时为了进一步确定银行存款账目的正确性，就需要借助银行存款余额调节表，如图6-6所示。

银 行 存 款 余 额 调 节 表

编制单位：　　　　　　　　　　　　　　　　　　　　　　　　　　　　　金额单位：元
银行账号：　　　　　　　　　　　开户行：　　　　　　　　　　　　　　币种：人民币

项目			金额	项目				金额
企业银行存款账面余额				银行对账单余额				
加：银行已收而企业未收的款项				加：企业已收而银行未收的款项				
序号	记账日期	票据号码	摘要	序号	记账日期	票据号码	摘要	
减：银行已付而企业未付的款项				减：企业已付而银行未付的款项				
序号	记账日期	票据号码	摘要	序号	记账日期	票据号码	摘要	
调节后的存款余额：				调节后的存款余额：				

财务主管：　　　　　　　　　　　　　　　　　　出纳：

图6-6　银行存款余额调节表

在将企业的银行存款日记账与银行对账单进行核对时，主要有以下四种情形：

◆ **企业已收而银行未收**：即企业已经做了款项入账登记，但银行还没有收到款项。

◆ **企业已付而银行未付**：即企业已经做了付款登记，但银行还没有对外支付款项。

◆ **银行已收而企业未收**：即银行已经收到款项，但企业尚未收到银行的收款通知，从而没有做款项入账登记。

◆ **银行已付而企业未付**：即银行已经对外支付了款项，但企业尚未收到银行的付款通知，从而没有做付款登记。

上述四种未达账项的情形，都是在查账的某一时点可能发生的。由于这些未达账项的存在，很可能使企业的银行存款日记账余额与银行对账单余额不一致，此时借助银行存款余额调节表进行调节。如果调节后两者余额相等，则说明企业银行存款账目记录没有错误；如果调节后两者余额依然不相等，则说明企业银行存款账目记录有错误，需要采取有效措施找出错账并加以更正。

6.2.5 掌握错账更正方法正确更正错账

如果会计人员在查账时查出错账，此时需要按照规定的方法对错账进行更正，不能随意更改账目。

根据不同的错账情形，错账的更正方法是不同的。常见的错账更正法有三种，即划线更正法、红字更正法和补充登记法。

（1）划线更正法

划线更正法是指更正时在错误的文字或数字上划一条红线，在红线的上方填写正确的文字或数字，并由记账人员及会计机构负责人在更正处盖章，以示负责错账的更正。

这种错账更正方法主要适用于在结账前发现账簿记录有文字或数字错误，但记账凭证没有错误的错账情形。下面以具体实例作讲解说明。

实务案例 账簿记录中有文字错误用划线更正法更正

20×3年4月底，某公司会计人员在结账前例行查账工作。结果发现现金日记账中4月9日当天的一笔付办公室报购买办公用品费的经济业务的会计科目填写错误，且经查证对应的记账凭证记录无误。而账簿中将"管理费用"科目错写成了"销售费用"科目。

由于该错账情形属于结账前，账簿中有错误文字或数字，但记账凭证没有错误，因此可采用划线更正法更正错账，更正后的账簿记录如图6-7所示。

现 金 日 记 账

20×3年 月	日	种类	号数	对方科目	摘要	借方	贷方	余额	核对
4					承前页			11500000	✓
4	3	记	005	管理费用	付办公室报购办公用品费		54000	10960000	✓
4	5	记	007	主营业务收入	收到营业款	1500000		25960000	✓
4	7	记	010	银行存款	取现	3000000		55960000	✓
4	7	记	011	其他应收款	付赵英借备用金		200000	53960000	✓
4	8	记	012	销售费用	付广告宣传费		250000	51460000	✓
4	9	记	013	管理费用 / 销售费用（红琴）	付办公室报购办公用品费		138000	50080000	✓
4	9	记	014	主营业务收入	收到营业款	240000		52480000	✓
4	12	记	015	管理费用	付赵英报差旅费		150000	52330000	✓
4	20	记	018	管理费用	付办公室报销通讯费		45000	51880000	✓
4	20	记	018	应付职工薪酬	付职工生活费		100000	50880000	✓
4	23	记	019	管理费用	付驾驶员车辆使用费		32400	50556000	✓
4	25	记	021	其他应收款	垫付销售部赵勇医药费		200000	48556000	✓
4	30	记	024	管理费用	付10月水电费		2595000	45961000	✓
4	30	记	025	主营业务收入	收到营业款	560000		51561000	✓

图 6-7　划线更正法更正账簿中的错误文字

需要注意的是，如果是账簿中有数字错误，需要将整个数据用一条红线划掉，然后在其上方输入正确的数据，如图6-8所示。不能只是划去某个错误数字而进行个别修改。

银 行 存 款 日 记 账

开户行　建设银行
账　号 622202100001××××

20××年 月	日	种类	号数	对方科目	摘要	借方	贷方	余额	核对
					承前页			32757600	
4	13	记	010	应付职工薪酬	付3月的职工奖金		22780000	30479600	✓
4	15	记	011	主营业务收入	收到营业款	8000000		31279600	✓
4	30	记	023	短期借款	借入短期借款	12000000		18735600	✓
4	30	记	024	应付职工薪酬	付11月工资并代扣社保		24544000	18735600（王伍 更正）	✓
4	30	记	025	财务费用	付11月银行手续费		10500	18725100	✓
4	30	记	026	应交税费	付10月应交税费		1621326	17103774	✓

图 6-8　错误数字的修改方法

同理，记账凭证中的数字错误，也应该在错误的数据上划一条红线，然后更正为正确的数据，而不是划去某一个错误的数字进行更改。

（2）红字更正法

红字更正法有时也被称为"红字冲销法"，是指更正时先用红字填写一张与原记账凭证完全相同的记账凭证，并在摘要栏内写明"注销 × 年 × 月 × 日 × 号凭证"字样，据以用红字登记入账，然后再用蓝字填写一张正确的记账凭证并据以用蓝字登记入账的错账更正方法。

当然，这种错账更正方法还有另外一种更正操作：按照原记账凭证多记的金额，用红字编制一张与原记账凭证应借、应贷科目完全相同的记账凭证，并在摘要栏内注明"冲销 × 年 × 月 × 日 × 号凭证多记金额"字样，以冲销多记的金额，据以用红字登记入账。

工作中，在记账后发现记账凭证中应借、应贷会计科目有错误，从而引起的错账，一般用第一种更正操作；记账后发现记账凭证和账簿记录中应借、应贷会计科目无误，只是所记金额大于应记金额，从而引起的错账，一般用第二种更正操作。下面就来看两个具体的案例。

实务案例 同时用红蓝字凭证更正错账

20×3 年 4 月底，公司在结账前的查账工作中发现 4 月 7 日的第 18 号记账凭证的会计科目和金额数据有误，从而导致会计账簿中记录出错。错误的记账凭证如图 6-9 所示。

记 账 凭 证

20×3 年 4 月 7 日　　　　　　　　　　　　　　　记字第 18 号

摘要	总账科目	明细科目	借方金额									贷方金额									
			千	百	十	万	千	百	十	元	角	分	千	百	十	万	千	百	十	元	角	分
付王某报差旅费	管理费用	差旅费					1	3	3	0	0	0										
付王某报差旅费	库存现金																1	3	3	0	0	0
合计（大写）壹仟叁佰叁拾元整						¥	1	3	3	0	0	0				¥	1	3	3	0	0	0

会计主管：×× 　　　记账：×× 　　　出纳：×× 　　　制单：××

附件 1 张

图 6-9　会计科目与金额有误的记账凭证

而正确的会计分录应该编制如下：

借：销售费用——差旅费　　　　　　　　　　　　　　1 350.00

　　贷：库存现金　　　　　　　　　　　　　　　　　　　　1 350.00

先用红字填写一张与原18号记账凭证完全相同的记账凭证，如图6-10所示。

记 账 凭 证

20×3 年　4 月 30 日　　　　　　　　　　　记字第 56 号

摘要	总账科目	明细科目	借方金额										贷方金额										附件
			千	百	十	万	千	百	十	元	角	分	千	百	十	万	千	百	十	元	角	分	
付王某报差旅费	管理费用	差旅费					1	3	3	0	0	0											0
付王某报差旅费	库存现金																1	3	3	0	0	0	张
冲销20×3年4月7日记字第18号凭证																							
合计（大写）壹仟叁佰叁拾元整				¥	1	3	3	0	0	0	0			¥	1	3	3	0	0	0	0		

会计主管：×× 　　　　记账：×× 　　　　出纳：×× 　　　　制单：××

图 6-10　用红字填写完全相同的记账凭证

再用蓝字填写一张正确的记账凭证，如图6-11所示。

记 账 凭 证

20×3 年　4 月 30 日　　　　　　　　　　　记字第 57 号

摘要	总账科目	明细科目	借方金额										贷方金额										附件
			千	百	十	万	千	百	十	元	角	分	千	百	十	万	千	百	十	元	角	分	
付王某报差旅费	销售费用	差旅费					1	3	5	0	0	0											0
付王某报差旅费	库存现金																1	3	5	0	0	0	张
更正20×3年4月7日记字第18号凭证																							
合计（大写）壹仟叁佰伍拾元整				¥	1	3	5	0	0	0	0			¥	1	3	5	0	0	0	0		

会计主管：×× 　　　　记账：×× 　　　　出纳：×× 　　　　制单：××

图 6-11　用蓝字填写一张正确的记账凭证

注意，用红字更正法实际上增加了企业当期的凭证张数和经济业务记录，因此在更正凭证错账后，还要及时更正账簿记录，即将新填制的记账凭证的内容登记到会计账簿中。当月所有应登记的凭证全部登记入账后，再执行结账工作。

实务案例 用红字冲销多记的金额

20×3 年 4 月底，公司查账时发现当月 8 日的第 28 号记账凭证记录的经济业务的金额出错，原本应该是 1 200.00 元，结果填写时不小心将数字错位了，写成了 12 000.00 元，导致所记金额比应记金额大 10 800.00 元，而应借、应贷会计科目没有错误，如图 6-12 所示。

图 6-12　多记金额的错误记账凭证

因此，这种错账适合使用前述提及的红字更正法的第二种更正操作。按照原记账凭证多记的金额 10 800.00 元，用红字编制一张与原记账凭证应借、应贷科目完全相同的记账凭证，如图 6-13 所示。

图 6-13　按照多记金额用红字编制记账凭证

同理，新填制的记账凭证的经济业务内容要相应地登记到会计账簿中。

（3）补充登记法

补充登记法指按照少记的金额用蓝字填写一张与原记账凭证应借、应贷科目完全相同的记账凭证，并在摘要栏内注明"补记×年×月×日第×号凭证少记金额"字样，以补充少记的金额，据以用蓝字登记入账的错账更正方法。

与红字更正法适用的第二种多记金额相比，补充登记法适用于记账后发现记账凭证和账簿记录中应借、应贷会计科目无误，只是所记金额小于应记金额的情形。

实务案例 少记金额用蓝字填制记账凭证进行补充

20×3年4月底，公司查账过程中发现当月15日的第35号记账凭证记录的经济业务数据有误，原本应该是20 000.00元，结果填写时不小心将数字错位了，写成了2 000.00元，导致所记金额比应记金额少了18 000.00元，而应借、应贷会计科目没有错误，如图6-14所示。

图6-14 少记金额的错误记账凭证

因此，这种错账适合使用补充登记法更正。按照少记的金额18 000.00元，用蓝字编制一张与原记账凭证应借、应贷会计科目完全相同的记账凭证，如图6-15所示。

记 账 凭 证

20×3 年 4 月 30 日　　　　记字第 59 号

摘要	总账科目	明细科目	借方金额										贷方金额									
			千	百	十	万	千	百	十	元	角	分	千	百	十	万	千	百	十	元	角	分
付购买原料款	原材料					1	8	0	0	0	0	0										
付购买原料款	银行存款															1	8	0	0	0	0	0
补记20×3年4月15日记字第35号凭证少记金额18 000.00元																						
合计（大写）壹万捌仟元整					¥	1	8	0	0	0	0	0			¥	1	8	0	0	0	0	0

附件 0 张

会计主管：××　　记账：××　　出纳：××　　制单：××

图 6-15　按照少记金额用蓝字编制记账凭证

同样，采用补充登记法更正错账新增加的凭证内容，要相应地登记到会计账簿中，即据以登账。

6.3　不同期末结账工作的处理

结账是将会计账簿的记录进行定期结算的会计工作，新公司也要在期末进行结账处理。在一定时期结束时，为了编制财务报表，需要进行结账，因为会计账簿是编制财务报表的直接依据。

结账的内容包括两大项：一是结清各种损益类账户，据以计算确定当期利润；二是结出各资产、负债和所有者权益账户的本期发生额合计和期末余额。结账时的具体要点有如下五个方面：

不需要按月结计本期发生额的账户。如各项应收、应付款明细账和各项财产物资明细账，每次记账后，都要随时结出余额，每月最后一笔余额就是月末余额。月末结账时，只需在最后一笔经济业务记录下方划通栏单红线，不需要再次结计余额。

**库存现金、银行存款日记账和需要按月结计发生额的收入、费用等明细账。每月月末结账时，要在最后一笔经济业务记录下方划通栏单红线，并结出本月发生额合计数和余额，同时在该行摘要栏中注明"本月合计"字样，再在该行下方划通栏单红线。

需要结计本年累计发生额的明细账户。每月月末结账时，应在"本月合计"行下结出自年初起至本月末止的累计发生额，登记在月份发生额下面，同时在该行摘要栏中注明"本年累计"字样，再在该行下方划通栏单红线。如果是12月末的"本年累计"行，则就是全年累计发生额，此时"本年累计"行下方划通栏双红线，也就是年结。

总账账户。平时只需要结出月末余额，年终结账时，将所有总账账户结出全年发生额合计和年末余额，并在摘要栏中注明"本年合计"字样，同时在该行下方划通栏双红线，即年结。

有余额的账户。年度终了结账时，要将有余额的账户中的余额结转下年，并在摘要栏内注明"结转下年"字样；相应地，在下一会计年度新建有关账户的第一行余额栏内填写上年结转的余额，同时在摘要栏中注明"上年结转"字样。这样就可以有效地区别有余额的账户和无余额的账户。

6.3.1　月结工作的结账处理

从前述提及的结账工作可知，月结工作有两种情形，一种是将当月最后一笔余额作为月末余额，直接在当月最后一笔经济业务记录下方划通栏单红线，不再结计余额。由于这种月结工作比较简单，也很容易理解，这里不再展示月结操作。

另一种就是在最后一笔经济业务记录下方划通栏单红线，再结出本月发生额合计数和余额，再在该行下方划通栏单红线。为了更好地表达这种月结操作，可以参考如图6-16所示的现金日记账。

现金日记账

20×3 月	日	凭证 种类	凭证 号数	对方科目	摘要	借方	贷方	余额	核对
4					承前页			11500.00	✓
4	3	记	005	管理费用	付办公室购办公用品费		540.00	10960.00	✓
4	5	记	007	主营业务收入	收到营业款	15000.00		25960.00	✓
4	7	记	010	银行存款	取现	30000.00		55960.00	✓
4	7	记	011	其他应收款	付赵英借备用金		2000.00	53960.00	✓
4	8	记	012	销售费用	付广告宣传费		2500.00	51460.00	✓
4	9	记	013	管理费用	付办公室购办公用品费		1380.00	50080.00	✓
4	9	记	014	主营业务收入	收到营业款	2400.00		52480.00	✓
4	12	记	015	管理费用	付员报签旅费		150.00	52330.00	✓
4	20	记	018	管理费用	付办公室报销通讯费		450.00	51880.00	✓
4	20	记	018	应付职工薪酬	付职工生活费		1000.00	50880.00	✓
4	23	记	019	管理费用	付驾驶员车辆使用费		324.00	50556.00	✓
4	25	记	021	其他应收款	垫付销售部赵费医药费		2000.00	48556.00	✓
4	30	记	024	管理费用	付4月水电费		2595.00	45961.00	✓
4	30	记	025	主营业务收入	收到营业款	5600.00		51561.00	✓
4					本月合计	53000.00	12939.00	51561.00	

图 6-16　现金日记账的月结

如果是需要结计本年累计发生额的明细账户，如收入、支出、费用明细账户，则还需要在"本月合计"行（每年 12 月的"本月合计"行除外）下再添加"本年累计"行。这里假设 4 月之前没有发生额，本年累计发生额的结账如图 6-17 所示。

4	20	记	018	管理费用	付办公室报销通讯费		450.00	51880.00	✓
4	20	记	018	应付职工薪酬	付职工生活费		1000.00	50880.00	✓
4	23	记	019	管理费用	付驾驶员车辆使用费		324.00	50556.00	✓
4	25	记	021	其他应收款	垫付销售部赵费医药费		2000.00	48556.00	✓
4	30	记	024	管理费用	付4月水电费		2595.00	45961.00	✓
4	30	记	025	主营业务收入	收到营业款	5600.00		51561.00	✓
4					本月合计	53000.00	12939.00	51561.00	
					本年累计	53000.00	12939.00	51561.00	

图 6-17　需要结计本年累计发生额的结账操作

6.3.2　季结工作的结账处理

季结就是在季度末进行的结账工作。季结时，一般在本季度末的月结行下划通栏单红线，然后结出本季度 3 个月的借、贷方发生额合计数以及月结数的合计数，同时在摘要栏内注明"本季合计"字样，再在该行下方划通栏单红线。

从操作手法上看，季结操作与非 12 月末的结出本年累计发生额的操作相似。如图 6-18 所示。

6	28	记	020	管理费用	付报会务费								2	1	4	0	0	0	0	1	1	6	6	5	9	0	0	√
6	30	记	021	管理费用	付通讯费										4	6	5	0	0	1	1	6	1	9	4	0	0	√
6	30	记	021	应付职工薪酬	付职工生活费								1	0	6	5	0	0	1	1	5	1	2	9	0	0	√
6	30	记	024	管理费用	付6月水电费								2	5	0	0	0	0	1	1	2	6	2	9	0	0	√
6	30	记	032	银行存款	将现金存入银行			9	0	0	0	0	0							2	2	6	2	9	0	0	√
6					本月合计	7	3	6	0	0	0	0	1	0	4	2	9	7	0	0	2	2	6	2	9	0	0	
6					本季合计	1	4	2	3	0	0	0	0	1	3	1	1	7	1	0	0	2	2	6	2	9	0	0	
					过次页																							

图 6-18　季结

有些企业为了简化结账工作，会忽略季结的处理。但要有效保证账目记录的准确性，还是尽量做好季结工作。

6.3.3　年结工作的结账处理

年结就是在年末进行的结账工作。年结时，在第 4 季度季结的红线下方填写 4 个季度的借、贷方季结的总计数，并在摘要栏内注明"本年合计"字样。千万不要忘了，如果是有余额的账户，还要在"本年合计"行的下一行摘要栏中写明"结转下年"字样，在新一会计年度的相应账户第一行的余额栏将上一年的余额誊抄好，并在摘要栏中注明"上年结转"字样。如图 6-19 和图 6-20 所示。

12	8	记	005	主营业务收入	收到营业款				8	1	0	0	0	0									6	1	3	5	6	0	0	√
12	11	记	006	销售费用	付广告费										1	9	2	0	0	0	5	9	4	3	6	0	0	√
12	11	记	007	银行存款	提取现金			2	0	0	0	0	0	0							7	9	4	3	6	0	0	√
12	11	记	008	管理费用	报销车辆使用费										8	1	2	0	0	7	8	6	2	4	0	0	√
12	11	记	009	主营业务收入	收到营业款			2	4	5	0	0	0								1	0	3	1	2	4	0	0	√
12	12	记	011	主营业务收入	收到营业款			2	1	0	0	0	0								1	2	4	1	2	4	0	0	√
12	12	记	012	管理费用	付办公费										1	5	5	0	0	1	2	2	5	7	4	0	0	√
12	15	记	014	其他应收款	付王文借备用金										2	7	0	0	0	0	1	1	9	8	7	4	0	0	√
12	17	记	015	管理费用	付报务招待费										1	0	7	5	0	0	1	1	8	7	9	9	0	0	√
12	28	记	020	管理费用	付报会务费										2	1	4	0	0	0	1	1	6	6	5	9	0	0	√
12	30	记	021	管理费用	付通讯费										4	6	5	0	0	1	1	6	1	9	4	0	0	√
12	30	记	021	应付职工薪酬	付职工生活费										1	0	6	5	0	0	1	1	5	1	2	9	0	0	√
12	31	记	024	管理费用	付12月水电费										2	5	0	0	0	0	1	1	2	6	2	9	0	0	√
12	31	记	032	银行存款	将现金存入银行			9	0	0	0	0	0	0							2	2	6	2	9	0	0	√
12					本月合计	7	3	6	0	0	0	0	1	0	4	2	9	7	0	0	2	2	6	2	9	0	0	
12					本季合计	1	4	2	3	0	0	0	0	1	3	1	1	7	1	0	0	2	2	6	2	9	0	0	
12					本年合计	1	4	2	3	0	0	0	0	1	3	1	1	7	1	0	0	2	2	6	2	9	0	0	
					结转下年																							
					过次页																							

图 6-19　年结（结转下年）

现金日记账

20×3年		凭证		对方科目	摘要	借方									贷方									余额									核对
月	日	种类	号数			百	十	万	千	百	十	元	角	分	百	十	万	千	百	十	元	角	分	百	十	万	千	百	十	元	角	分	
1					上年结转																					2	2	6	2	9	0	0	√
1																																	
1																																	
1																																	
1																																	
1																																	
1																																	
1																																	

图 6-20　年结（上年结转）

知识贴士 会计电算化下的结账工作

实行会计电算化的企业，主要借助专业的财务软件处理账务，很多工作直接按照相关操作就能使系统自动进行，比如结账工作。以金蝶软件教学版为例，进入主界面，单击左侧的“账务处理”选项卡，在界面右侧单击“财务期末结账”按钮，即可按照系统提示完成结账工作，不再需要会计人员手动结账、划通栏红线等。如图 6-21 所示。

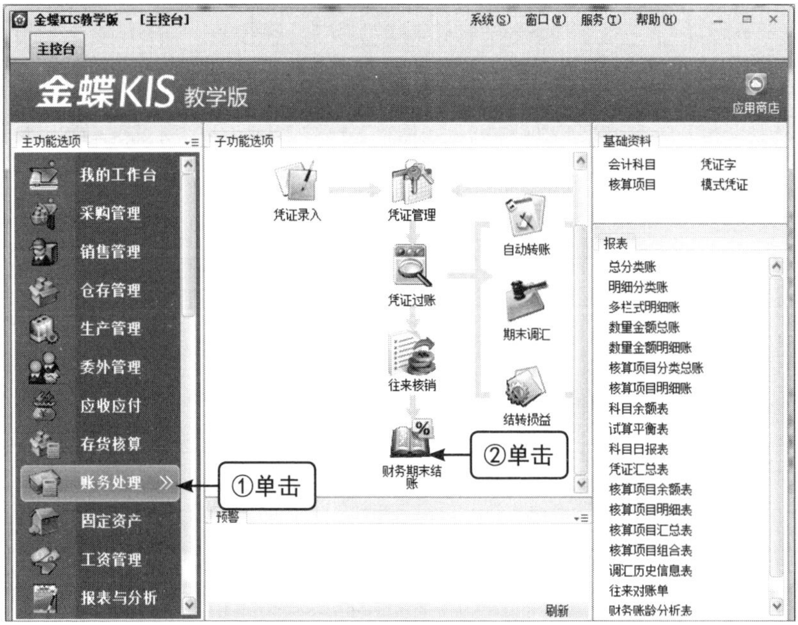

图 6-21　会计电算化下的结账操作

6.3.4 不同类型的账簿要按规定进行装订

企业的各种会计账簿，除了已经装订成册的订本账和跨年使用的账簿外，都要按时整理、装订、立卷。

（1）所有账簿要遵循的装订规定

账簿装订前，先要按账簿启用表的使用页数核对各个账户是否相符、账页数是否齐全、序号排列是否连续。然后按会计账簿封面、账簿启用表、账户目录、该账簿按页数顺序排列的账页、会计账簿装订封底等顺序装订。

对于事先装订成册以备日后使用的订本账，在使用过程中不要空行、空页，填写错误的记录要按规定划销。

另外，会计账簿装订后，应保证牢固、平整，不得有折角、缺角、错页、掉页和空白纸；会计账簿的封口要严密，封口处要加盖有关印章；封面应齐全、平整，并注明所属年度和账簿名称、编号，编号为一年一编，编号顺序为总账、现金日记账、银行存款日记账、分户明细账；会计账簿按保管期限分别编制卷号，如现金日记账全年按顺序编制卷号，总账、各类明细账、辅助账簿全年按顺序编制卷号。

（2）活页账的具体装订要求

在装订活页式账簿时，要保留已经使用过的账页，将账页页数填写齐全，去除空白页并撤掉账夹，用质量较好的牛皮纸做封面、封底，装订成册。

多栏式活页账、三栏式活页账以及数量金额式活页账等不能混装，应按同类业务、同类账页装订在一起。

在账簿的封面上准确填写账目的种类、编号卷号，最后由会计主管人员和装订人员（即经办人）签章。

✎ 实务答疑

问：什么是总分类账和明细分类账的平行登记？

答：平行登记指对发生的每项经济业务都要以会计凭证为依据，一方面记入有关总分类账户，另一方面记入所辖明细分类账户的方法。平行登记的要点有 3 个：①方向相同，在总分类账户及其所辖的明细分类账户中登记同一项经济业务时，方向应相同，即在总分类账户中记入借方（或贷方），在其所辖的明细分类账户中也应记入借方（或贷方）。②期间一致，发生的经济业务记入总分类账户和所辖明细分类账户的具体时间可以有先后，但应在同一个会计期间内。③金额相等，记入总分类账户的金额必须与记入其所辖的一个或几个明细分类账户的金额合计数相等。

问：往来业务的对账工作怎么做？

答：往来业务的对账工作就是企业与和自己有业务往来的外单位进行账目核对。大致的工作内容为：①在与对方单位核对余额前，应将全部经济业务登记入账并结出余额，然后进行往来账自查，查往来账余额的大小和方向，看是否有不正常的余额和方向，若出现异常情况，则重点查相应的明细账；查明细账，看账户借贷方有无不正常的发生额和异常的摘要，若有，应审查相应的记账凭证和原始凭证，以确定往来账没有错记金额；逐笔审查期初至期末业务的记账凭证和原始凭证，并记录日期、金额和发票编号等，以备在与对方单位对账时使用。②在往来账自查无误之后，就要与对方单位进行余额核对。如果双方余额一致，则表明双方的业务记录无误；如果双方余额不一致，则要计算两者差额，并对差额的方向和大小进行分析，由此可查看是否有与差额相同金额的业务发生，判断是否存在未达账项，是否需要编制相应的余额调节表进行调节等。③如果通过分析余额的差额无法确定双方余额不一致的原因，接着就需要进行发生额核对。分别核对双方业务的借方发生额或贷方发生额，找出借方发生额或贷方发生额对应的业务，若此类业务对余额不产生影响，则问题可能存在于没有借贷对应关系的业务中，然后逐渐缩小核对范围，快速对账。

第 7 章

会计报表的编制与会计档案管理

　　会计报表的编制也是会计人员的工作内容之一，一名合格的会计人员，不能局限于记账、算账，还应提高自己的报账工作能力，即编制报表、进行简单的财务分析等，这样才能在公司内部顺利完成自己的工作。除此之外，特定的会计人员还需要负责对会计档案进行科学、合理的管理。本章就对会计报表的编制和会计档案的管理知识进行讲解。

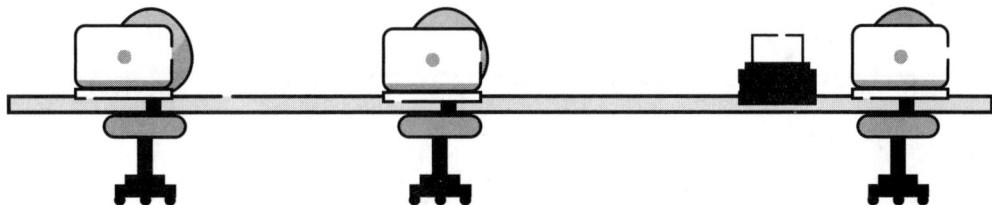

7.1 认识报表结构并学习编制方法

在一家企业中,并不是所有的会计人员都会涉及会计报表的编制工作,但会计报表的编制是登记账簿之后的一项重要工作内容。作为一名合格的会计人员,也应该熟练掌握会计报表的结构,同时知道各种常见会计报表的编制方法。

7.1.1 反映财务状况的资产负债表的编制

资产负债表是一张反映企业在某一特定日期财务状况的报表,因此也被称为财务状况表。这里所说的财务状况是指资产、负债和所有者权益的状况,而"某一特定日期"这一因素就决定了资产负债表是一张静态报表。

资产负债表主要反映企业在某一特定日期的资产、负债与所有者权益三者之间的关系,一般采用账户式结构,即报表的左侧记录企业的资产情况,右侧记录企业的负债和所有者权益情况。

左侧大体按照资产的流动性大小排列,流动性大的资产如"货币资金""交易性金融资产"等排在前面,流动性小的如"长期股权投资""固定资产""无形资产"等排在后面。

右侧一般按要求清偿时间的先后顺序排列负债,如清偿时间在前的"短期借款""应付票据""应付账款""应付职工薪酬"和"应交税费"排在前面,清偿时间在后的"长期借款""长期应付款"和"应付债券"等排在后面;而在企业清算前不需要偿还的所有者权益项目排在最后面。

资产负债表一般由表头和表体两大部分组成,表头部分需列明报表名称、编制单位名称、资产负债表日(即报表编制日期)、报表编号和计量单位;表体部分是报表的主体,列示了用以说明企业财务状况的各个项目,如图 7-1 所示。

资产负债表

会企01表

编制单位：　　　　　　　　　　　年　月　日　　　　　　　　　　　单位：元

资产	期末余额	年初余额	负债和所有者权益（或股东权益）	期末余额	年初余额
流动资产：			流动负债：		
货币资金			短期借款		
交易性金融资产			交易性金融负债		
衍生金融资产			衍生金融负债		
应收票据			应付票据		
应收账款			应付账款		
应收账款融资			预收款项		
预付款项			合同负债		
其他应收款			应付职工薪酬		
存货			应交税费		
合同资产			其他应付款		
持有待售资产			持有待售负债		
一年到期的非流动资产			一年内到期的非流动负债		
其他流动资产			其他流动负债		
流动资产合计			流动负债合计		
非流动资产：			非流动负债：		
债权投资			长期借款		
其他债权投资			应付债券		
长期应收款			其中：优先股		
长期股权投资			永续债		
其他权益工具投资			租赁负债		
其他非流动金融资产			长期应付款		
投资性房地产			预计负债		
固定资产			递延收益		
在建工程			递延所得税负债		
生产性生物资产			其他非流动负债		
油气资产			非流动负债合计		
使用权资产			负债合计		
无形资产			所有者权益（或股东权益）：		
开发支出			实收资本（或股本）		
商誉			其他权益工具		
长期待摊费用			其中：优先股		
递延所得税资产			永续债		
其他非流动资产			资本公积		
非流动资产合计			减：库存股		
			其他综合收益		
			专项储备		
			盈余公积		
			未分配利润		
			所有者权益（或股东权益）合计		
资产总计			负债和所有者权益（或股东权益）总计		

单位负责人：　　　　　　　　　财务主管：　　　　　　　　　制表人：

图 7-1　账户式资产负债表

资产负债表是根据"资产＝负债＋所有者权益"这一会计恒等式，依照一定的分类标准和次序，将某一特定日期的资产、负债和所有者权益的具体项目予以适当排列编制而成。资产负债表"期末余额"栏的几种主要填列方法，见表7-1。

表 7-1 资产负债表"期末余额"填列方法

方 法	具体描述
根据总账科目余额填列	如"短期借款""资本公积"等项目，根据"短期借款""资本公积"各总账科目的余额直接填列。有些项目需根据几个总账科目余额计算填列，如"货币资金"项目需根据"库存现金""银行存款"和"其他货币资金"这三个总账科目的期末余额合计数填列
根据明细账科目余额计算填列	如"应付账款"项目需根据"应付账款"和"预付账款"两个科目的相关明细科目的期末贷方余额计算填列。"应收账款"项目需根据"应收账款"科目的期末余额减去"坏账准备"科目期末余额后的金额填列；"预收款项"项目需根据"应收账款"科目贷方余额和"预收账款"科目贷方余额计算填列等
根据总账科目和明细账科目余额分析计算填列	如"长期借款"项目，需根据"长期借款"总账科目余额扣除"长期借款"科目的明细科目中将在一年内到期且企业不能自主地将清偿义务展期的长期借款后的金额计算填列。"其他非流动资产"项目应根据有关科目的期末余额减去将在一年（含）内收回数后的金额计算填列
根据有关科目余额减去其备抵科目余额后的净额填列	如"固定资产"项目，应根据"固定资产"科目的期末余额减去"累计折旧""固定资产减值准备"备抵科目的期末余额和"固定资产清理"科目期末余额后的净额填列。"无形资产"项目，应根据"无形资产"科目的期末余额减去"累计摊销""无形资产减值准备"等备抵科目的期末余额后的净额填列
综合运用上述填列方法分析填列	如"存货"项目，需根据"原材料""库存商品""委托加工物资""周转材料""材料采购""在途物资""发出商品"和"材料成本差异"总账科目的期末余额的分析汇总数，减去"存货跌价准备"科目余额后的净额填列

由此可见，资产负债表的编制是充满学问的一项会计工作，会计人员要积极学习如何编制资产负债表。

7.1.2 反映盈利成果的利润表的编制

利润表是一张反映企业在一定会计期间经营成果的财务报表。由于利润表反映的是企业某一期间的情况，因此是一张动态报表。有些企业也将其称为损益表或收益表。

利润表也是由表头和表体构成，表头说明报表名称、编制单位名称、编制日期、报表编号、货币名称、计量单位等信息；表体是利润表的主体，反映形成经营成果的各个项目和计算过程。国际上常用的利润表格式有单步式和多步式两种。其中，单步式利润表的大致结构如图 7-2 所示。

利润表

编制单位：　　　年　月　日　　　　单位：元

项目	行次	本月数	本年累计数
一、收入			
主营业务收入			
其他业务收入			
投资收益			
营业外收入			
……			
收入合计			
二、费用			
主营业务成本			
其他业务成本			
税金及附加			
销售费用			
管理费用			
财务费用			
营业外支出			
所得税费用			
……			
费用合计			
三、净利润			

图 7-2　单步式利润表

从上图所示的利润表可知，单步式利润表是将当期所有的收入列在一起，然后将所有的费用列在一起，两者相减得出当期净损益。

而我国企业主要采用多步式利润表，如图 7-3 所示。它是通过对企业当期收入、费用、支出项目按性质加以归类，按利润形成的主要环节列示一些中间性指标，如营业利润、利润总额和净利润，分步计算当期损益。

利润表

会企 02 表

编制单位：　　　　　　　　　　年　　月　　　　　　　　　　　　　单位：元

项目	本期金额	上期金额
一、营业收入		
减：营业成本		
税金及附加		
销售费用		
管理费用		
研发费用		
财务费用		
其中：利息费用		
利息收入		
加：其他收益		
投资收益（损失以"－"号填列）		
其中：对联营企业和合营企业的投资收益		
以摊余成本计量的金融资产终止确认收益（损失以"－"填列）		
净敞口套期收益（损失以"－"号填列）		
公允价值变动收益（损失以"－"号填列）		
信用减值损失（损失以"－"号填列）		
资产减值损失（损失以"－"号填列）		
资产处置收益（损失以"－"号填列）		
二、营业利润（亏损以"－"号填列）		
加：营业外收入		
减：营业外支出		
三、利润总额（亏损总额以"－"号填列）		
减：所得税费用		
四、净利润（净亏损以"－"号填列）		
（一）持续经营净利润（净亏损以"－"号填列）		
（二）终止经营净利润（净亏损以"－"号填列）		
五、其他综合收益的税后净额		
（一）不能重分类进损益的其他综合收益		
1.重新计量设定受益计划变动额		
2.权益法下不能转损益的其他综合收益		
3.其他权益工具投资公允价值变动		
4.企业自身信用风险公允价值变动		
……		
（二）将重分类进损益的其他综合收益		
1.权益法下可转损益的其他综合收益		
2.其他债权投资公允价值变动		
3.金融资产重分类计入其他综合收益的金额		
4.其他债权投资信用减值准备		
5.现金流量套期储备		
6.外币财务报表折算差额		
……		
六、综合收益总额		
七、每股收益		
（一）基本每股收益		
（二）稀释每股收益		

图 7-3　多步式利润表

利润表根据"收入 – 费用 = 利润"这一会计平衡公式和收入与费用的配比原则编制而成。取得的收入和发生的相关费用的对比情况就是企业的经营成果。我国企业一般按照如图 7-4 所示的步骤编制利润表。

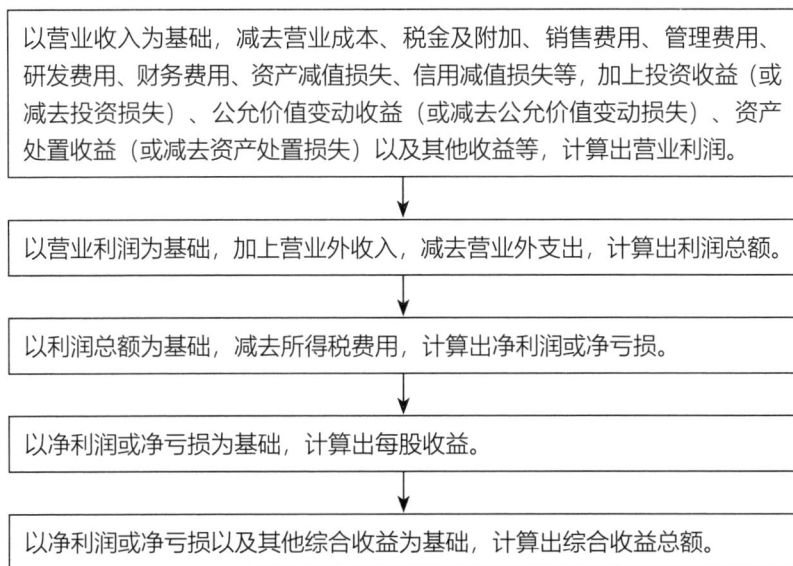

以营业收入为基础，减去营业成本、税金及附加、销售费用、管理费用、研发费用、财务费用、资产减值损失、信用减值损失等，加上投资收益（或减去投资损失）、公允价值变动收益（或减去公允价值变动损失）、资产处置收益（或减去资产处置损失）以及其他收益等，计算出营业利润。

↓

以营业利润为基础，加上营业外收入，减去营业外支出，计算出利润总额。

↓

以利润总额为基础，减去所得税费用，计算出净利润或净亏损。

↓

以净利润或净亏损为基础，计算出每股收益。

↓

以净利润或净亏损以及其他综合收益为基础，计算出综合收益总额。

图 7-4　利润表的编制步骤

利润表中各项目都需要填列"本期金额"和"上期金额"两栏。"上期金额"栏内各项数字应根据上年该期利润表的"本期金额"栏内所列数字填列；"本期金额"栏内各项数字，除"基本每股收益"和"稀释每股收益"项目外，应按照相关科目的当期发生额分析填列。

比如"营业收入"项目，需根据"主营业务收入"和"其他业务收入"科目的发生额分析计算填列；"税金及附加"项目，需根据应交税费中的"应交消费税""应交城市维护建设税""应交教育费附加""应交资源税""应交车船税""应交印花税"等相关税费的科目发生额分析计算填列；"财务费用"项目，需根据财务费用中的利息支出减去利息收入的余额填列。

7.1.3 反映现金流大致情况的现金流量表

现金流量表与资产负债表和利润表是会计财务报表的三个基本报表，它主要反映的是在一个固定期间内，企业的现金增减变动情形。该表反映出了资产负债表中各个项目对现金流量的影响，根据现金的用途将现金流量表划分为经营、投资和融资三个活动分类，如图7-5所示。

现金流量表

会企03表

编制单位：　　　　　　　　　　　　年　　月　　　　　　　　　单位：元

项目	本月金额	本年累计金额
一、经营活动产生的现金流量：		
销售商品、提供劳务收到的现金		
收到的税费返还		
收到其他与经营活动有关的现金		
经营活动现金流入小计		
购买商品、接受劳务支付的现金		
支付给职工以及为职工支付的现金		
支付的各项税费		
支付其他与经营活动有关的现金		
经营活动现金流出小计		
经营活动产生的现金流量净额		
二、投资活动产生的现金流量：		
收回投资收到的现金		
取得投资收益收到的现金		
处置固定资产、无形资产和其他长期资产收回的现金净额		
处置子公司及其他营业单位收到的现金净额		
收到其他与投资活动有关的现金		
投资活动现金流入小计		
购建固定资产、无形资产和其他长期资产支付的现金		
投资支付的现金		
取得子公司及其他营业单位支付的现金净额		
支付其他与投资活动有关的现金		
投资活动现金流出小计		
投资活动产生的现金流量净额		
三、筹资活动产生的现金流量：		
吸收投资收到的现金		
取得借款收到的现金		
收到其他与筹资活动有关的现金		
筹资活动现金流入小计		
偿还债务支付的现金		
分配股利、利润或偿付利息支付的现金		
支付其他与筹资活动有关的现金		
筹资活动现金流出小计		
筹资活动产生的现金流量净额		
四、汇率变动对现金及现金等价物的影响		
五、现金及现金等价物净增加额		
加：期初现金及现金等价物余额		
六、期末现金及现金等价物余额		

单位负责人：　　　　　　　　　财务主管：　　　　　　　　　制表人：

图 7-5　现金流量表

现金流量表可用于分析一家企业在短期内有没有足够的现金去应付开销。目前,现金流量表的编制方法有两种,一是工作底稿法,二是 T 型账户法。工作底稿法就是以工作底稿为手段, 以利润表和资产负债表数据为基础, 对每一项目进行分析并编制调整分录, 从而编制出现金流量表;T 型账户法是以 T 型账户为手段, 以利润表和资产负债表数据为基础, 对每一项目进行分析并编制调整分录, 从而编制出现金流量表。这两种编制方法的步骤对比情况, 见表 7-2。

表 7-2　工作底稿法和 T 型账户法对比

步　　骤	工作底稿法	T 型账户法
1	将资产负债表的期初数和期末数过入工作底稿的期初数栏和期末数栏	为所有的非现金项目(包括资产负债表项目和利润表项目)分别开设 T 型账户,并将各自的期末、期初变动数过入各自的 T 型账户
2	对当期业务进行分析并编制调整分录。对涉及利润表中的收入、成本和费用项目以及资产负债表中的资产、负债和所有者权益项目的部分进行调整, 将权责发生制下的收入费用转换为现金基础;将涉及资产负债表和现金流量表中的投资、筹资项目进行投资和筹资活动的现金流量反映;将利润表中有关投资和筹资方面的收入和费用列入现金流量表投资、筹资现金流量中	开设一个大的"现金及现金等价物"T 型账户, 左右两边都分为经营活动、投资活动和筹资活动三个部分, 左边记现金流入, 右边记现金流出。最后将期末、期初变动数过入账户中
3	将调整分录过入工作底稿中的相应部分	以利润表项目为基础,结合资产负债表分析每个非现金项目的增减变动,并据此编制调整分录
4	核对调整分录,借贷合计应相等,资产负债表项目期初数加减调整分录中的借贷金额后,应等于期末数	将调整分录过入各 T 型账户并进行核对, 各个账户借贷相抵后的余额应与原来过入的期末、期初变动数一致
5	根据工作底稿中的现金流量表项目部分,编制正式的现金流量表	根据大的"现金及现金等价物"T 型账户编制正式的现金流量表

现金流量表有主表和附表（即补充资料）两大部分。主表的各项目金额就是实际的每笔现金流入、流出的归属，而附表的各项目金额是相应会计账户的当期发生额或期末与期初余额的差额。现金流量表中某些项目的填列比较复杂，需要根据其他项目的现金流量情况进行分析计算填列，比如"销售商品、提供劳务收到的现金"项目，需要依据"主营业务收入""其他业务收入""应收账款""应收票据""预收账款""库存现金"和"银行存款"等科目发生额计算分析填列，可借助下列公式计算：

销售商品、提供劳务收到的现金＝主营业务收入＋销项税额＋其他业务收入（不含租金）＋应收账款（初－末）＋应收票据（初－末）＋预收账款（末－初）＋本期收回前期核销坏账（本期收回本期核销的除外）－本期计提的坏账准备－本期核销坏账－现金折扣－票据贴现利息支出－视同销售的销项税额－以物抵债的减少＋收到的补价等

其他项目按照"只要涉及库存现金或银行存款的收入与支出，就要考虑现金流量"的规则，进行分析计算填列，这里不再详述。

7.1.4　所有者权益变动表的编制

所有者权益变动表是一张反映企业某一会计期间在期末时所有者权益变动情况的报表。在 2007 年以前，所有者权益变动表以资产负债表附表形式予以体现，但新准则颁布后，所有者权益变动表进行单独呈报。

在所有者权益变动表中，企业应单独列示反映三大类信息：一是所有者权益总量的增减变动；二是所有者权益增减变动的重要结构性信息；三是直接计入所有者权益的利得和损失。

所有者权益变动表的各项目都需要填列"本年金额"和"上年金额"两大栏目。其中"上年金额"栏内的各项数据应根据上年度所有者权益变动表的"本年金额"栏内的数据填列。如图 7-6 所示的是常见的所有者权益变动表。

所有者权益变动表

会企04表
金额单位: 元

编制单位:　　　　　　　　　年度

项目	本年金额											上年金额										
	实收资本（或股本）	其他权益工具			资本公积	减: 库存股	其他综合收益	专项储备	盈余公积	未分配利润	所有者权益合计	实收资本（或股本）	其他权益工具			资本公积	减: 库存股	其他综合收益	专项储备	盈余公积	未分配利润	所有者权益合计
		优先股	永续债	其他									优先股	永续债	其他							
一、上年末余额																						
加: 会计政策变更																						
前期差错更正																						
其他																						
二、本年初余额																						
三、本年增减变动金额（减少以 "-" 号填列）																						
（一）综合收益总额																						
（二）所有者投入和减少资本																						
1. 所有者投入的普通股																						
2. 其他权益工具持有者投入资本																						
3. 股份支付计入所有者权益的金额																						
4. 其他																						
（三）利润分配																						
1. 提取盈余公积																						
2. 对所有者（或股东）的分配																						
3. 其他																						
（四）所有者权益内部结转																						
1. 资本公积转增资本（或股本）																						
2. 盈余公积转增资本（或股本）																						
3. 盈余公积弥补亏损																						
4. 设定受益计划变动额结转留存收益																						
5. 其他综合收益结转留存收益																						
6. 其他																						
四、本年末余额																						

图7-6 所有者权益变动表

如果上年度所有者权益变动表规定的各项目名称和内容与本年度不一致的, 应对上年度所有者权益变动表各项目的名称和数据按照本年度的规定进行调整, 填入所有者权益变动表的 "上年金额" 栏内。

而所有者权益变动表中的"本年金额"栏内的各项目数据应根据"实收资本（或股本）""其他权益工具""资本公积""库存股""其他综合收益""盈余公积""利润分配"和"以前年度损益调整"等科目的发生额分析填列。

因为企业的净利润及其分配情况是所有者权益变动的组成部分，所以不需要单独编制利润分配表。

知识贴士 "会计政策变更"和"前期差错更正"

所有者权益变动表中的"会计政策变更"和"前期差错更正"项目，分别反映企业采用追溯调整法处理的会计政策变更的累积影响金额和采用追溯重述法处理的会计差错更正的累积影响金额。

会计政策变更指企业对相同的交易或事项由原来采用的会计政策改用另一会计政策的行为。常见的有外币折算的现行汇率法和时态法或其他方法之间的变更，固定资产折旧方法的变更等。前期差错更正通常指对前期存在的计算错误、应用会计政策错误、疏忽或扭曲事实以及舞弊产生的影响，还有存货和固定资产的盘盈等，按照正确的算法和处理方法进行更正。

7.2 学会用财务指标衡量公司能力

公司发展得好不好，需要从各种能力出发考量，如偿债能力、盈利能力、营运能力和发展能力。而对这些能力的强弱判断，是否可以量化呢？理论上来说是可以的，这就要借助我们常说的一些财务指标。

财务指标的值需要借助各财务报表数据进行计算得出，所以会计人员需要学会从财务报表中提取有用的经济业务数据来计算财务指标的值，从而判断公司的经营能力。

7.2.1 用财务指标衡量公司偿债能力

偿债能力就是公司偿还各种到期债务的能力。通过分析公司的偿债能力大小，可相应地揭示公司的财务风险大小。公司的偿债能力又有短期和长期之分，反映不同类型的偿债能力时，所用的财务指标是不一样的。

（1）短期偿债能力及其财务指标

短期偿债能力指企业偿付流动负债的能力，而流动负债是指将在一年内或超过一年的一个营业周期内需要偿付的债务。这部分负债会对企业的财务风险造成很大的影响，如果不能及时偿还，就可能使公司陷入财务困境，甚至面临破产倒闭的危机。实务中常用的三个衡量短期偿债能力的财务指标，见表7-3。

表7-3 流动比率、速动比率和现金比率

财务指标	计算公式和说明
流动比率	流动比率 = 流动资产 ÷ 流动负债 国际上公认的流动比率为2:1左右较合适。计算时一般用资产负债表中的期末流动资产总额表示流动资产，同理，以期末流动负债总额表示流动负债。该比率越高，说明企业偿还流动负债的能力越强，流动负债得到偿还的保障越大，但同时说明企业的流动资产过多，没有充分且有效地利用流动资产，可能会影响企业的盈利能力；反之，偿还流动负债的能力越弱，流动资产可能出现短缺，资金周转可能很困难
速动比率	速动比率 = 速动资产 ÷ 流动负债 =（流动资产 - 存货）÷ 流动负债 国际上公认的速动比率为1:1左右较合适。计算时同样从资产负债表中提取相应的数据。比率越高，说明企业的短期偿债能力越强；反之，企业的短期偿债能力越弱。但要注意，如果企业的应收账款变现能力较弱或存在大量的应收账款，就会使流动比率高而速动比率低，两者对于偿债能力大小的判断会不一致，此时速动比率就不能真实反映企业的偿债能力，所以使用速动比率分析偿债能力时应结合应收账款账龄结构
现金比率	现金比率 =（现金 + 现金等价物）÷ 流动负债 没有特定的比率标准，比率越高，说明企业有较好的支付能力，短期债务的偿付是有保障的，同时也意味着企业拥有过多盈利能力较低的现金类资产，使得企业资产未能得到充分利用；反之，支付能力不强，短期债务的偿付保障不大

📌 **实务案例** 通过相应的财务指标衡量公司的短期偿债能力

某公司 20×3 年 4 月中旬发布了本公司上年度的财务报告，有关流动资产、流动负债和现金及现金等价物的数据，见表 7-4。

表 7-4　财务报告相关数据　　　　　　　　　单位：万元

项目	金额	项目	金额
存货	2 570.20	流动负债	13 007.90
流动资产	13 968.23	现金及现金等价物	3 066.52

流动比率 =13 968.23÷13 007.90=1.07

速动比率 =（13 968.23−2 570.20）÷13 007.90=0.88

现金比率 =3 066.52÷13 007.90=0.24

从计算结果可知，该公司 2020 年的流动比率为 1.07，速动比率为 0.88，均远小于各自的国际公认比率标准，说明企业的偿债能力不强，尤其是流动比率，仅为 1.07，与 2 相差甚远。但速动比率为 0.88，与 1 只差一点距离，可猜测该公司存在大量的应收账款，影响了企业的流动比率，进而拉低了企业的短期偿债能力。从现金比率 0.24 也能看出，该公司的短期偿债能力确实不强，资金流动性较小，对短期债务的支付能力较弱。

（2）长期偿债能力及其财务指标

长期偿债能力指企业偿还长期负债的能力。对于企业的一些长期债权人和所有者来说，他们不仅关心企业的短期偿债能力，还更关心长期偿债能力。

反映企业长期偿债能力的财务指标有很多，如资产负债率、股东权益比率和权益乘数、产权比率和利息保障倍数，下面就对常见的几个财务指标作详细介绍，见表 7-5。

表 7-5　长期偿债能力的财务指标

财务指标	计算公式和说明
资产负债率	资产负债率＝负债总额 ÷ 资产总额 ×100% 　资产负债率也称负债比率或举债经营比率，反映企业资产总额中有多少是通过举债得到的。该比率反映企业偿还债务的综合能力，比率越高，偿债能力越差；反之，偿债能力越强。一般认为在 50% 左右比较适宜，过低会给企业带来自有资金压力，过高会有还不起债务的风险
股东权益比率	股东权益比率＝股东权益总额 ÷ 资产总额 ×100% 　股东权益比率反映企业资产总额中有多少是所有者投入的。比率越大，说明股东权益总额在资产总额中占比较大，负债占比较小，负债比率就越小，财务风险也越小，偿债能力越强；反之，偿债能力越弱
权益乘数	权益乘数 ＝1÷ 股东权益比率 ＝资产总额 ÷ 股东权益总额 　权益乘数实际上是股东权益比率的倒数，表明资产总额是股东权益总额的多少倍。它直观反映了企业财务杠杆的大小，权益乘数越大，说明所有者投入的资本在资产中所占比重越小，财务杠杆越大，财务风险也越大，在一定程度上会降低企业的偿债能力；反之，财务杠杆越小，财务风险也越小，偿债能力会有所提高
产权比率	产权比率＝负债总额 ÷ 股东权益总额 ×100% 　产权比率反映了企业债权人提供资金与所有者提供资金的对比关系，可以揭示财务风险和所有者权益对债务的保障程度。比率越大，说明企业长期财务状况不佳，债权人贷款的安全性的保障程度越低，企业财务风险越大；反之，企业长期财务状况良好，债权人贷款的安全性越有保障，企业财务风险越小
利息保障倍数	利息保障倍数 ＝（税前利润 ＋ 利息费用） ÷ 利息费用 ＝息税前利润 ÷ 利息费用 　利息保障倍数反映了企业经营所得支付债务利息的能力。比率越大，说明企业经营所得支付债务利息的能力越强，对债权人来说是好事；反之，说明企业经营所得支付债务利息的能力越弱，债权人的资金安全性得不到有效保障。如果利息保障倍数长期处于较低水平，很可能导致企业破产倒闭。一般来说，企业的利息保障倍数至少应大于 1，因为等于 1 时说明企业的息税前利润等于利息费用，即企业没有获得税前利润，也就是企业经营没有盈利，甚至还可能在亏损，这是企业发展不好的直观表现，所以至少应大于 1

📌 **实务案例** 通过相应的财务指标衡量公司的长期偿债能力

新的一年开始了，为了分析公司的经营情况，会计人员查看了本公司20×3 年 4 月公布的上一年度的财务报告，有关报表数据见表7-6。

表 7-6 财务报告相关数据 单位：万元

项目	金额	项目	金额
资产总额	5 824.75	负债总额	2 510.01
税前利润	159.60	所有者权益总额	3 314.74
利息费用	2.28	—	—

资产负债率 =2 510.01÷5 824.75×100%=43.09%

股东权益比率 =3 314.74÷5 824.75×100%=56.91%

权益乘数 =5 824.75÷3 314.74=1.76

产权比率 =2 510.01÷3 314.74×100%=75.72%

利息保障倍数 =（159.60+2.28）÷2.28=71

从计算结果可知，该公司的资产负债率为43.09%，与50%相差并不大，说明公司的长期偿债能力较强。股东权益比率为56.91%，权益乘数为1.76，说明企业的所有者权益能对需要偿还的债务起到一定的保障作用，偿债能力较强。而产权比率为75.72%，说明财务杠杆较小，企业财务风险较小，体现出来的就是企业的偿债能力较强。并且，利息保障倍数为71，算是非常大的，也说明企业的经营所得能很好地偿还利息支出。

7.2.2 用财务指标判断公司盈利能力

盈利能力是指企业获取利润的能力，同时也表现为企业资金或资本的增值能力。企业盈利能力的高低直接影响其长远发展，因此需要准确判断公司的盈利能力强弱。

实务中，同样可以利用一些财务指标来衡量公司的盈利能力，如资产报酬率、股东权益报酬率，以及各种利润率等，具体介绍见表7-7。

表7-7 衡量公司盈利能力的财务指标

财务指标	计算公式和说明
资产报酬率	①资产息税前利润率＝息税前利润÷资产平均总额×100% ②资产利润率＝利润总额÷资产平均总额×100% ③资产净利率＝净利润÷资产平均总额×100% 资产平均总额＝（期初资产总额＋期末资产总额）÷2 资产报酬率也称资产收益率，指企业在一定时期内利润额与资产平均总额的比值。由于利润额在不同阶段有不同的数额，所以资产报酬率有上述3种表达方式。为了凸显"一定时期内"的时间特点，计算公式中要使用资产平均总额。无论是哪一种资产报酬率，比率越高，说明企业的盈利能力越强；反之，盈利能力越弱
股东权益报酬率	股东权益报酬率＝净利润÷股东权益平均总额×100% 股东权益平均总额＝（期初股东权益总额＋期末股东权益总额）÷2 股东权益报酬率也称净资产收益率或所有者权益报酬率，可以反映企业所有者权益获取投资报酬的高低水平。比率越高，说明企业的盈利能力越强；反之，盈利能力越弱
销售毛利率	销售毛利率＝销售毛利÷营业收入净额×100% 销售毛利＝营业收入净额－营业成本 营业收入净额＝营业收入－销售退回－销售折扣－销售折让 销售毛利率反映了企业的营业成本与营业收入的比例关系。毛利率越高，说明营业收入净额中营业成本占比越小，企业通过销售获取利润的能力越强；反之通过销售获取利润的能力越弱
销售净利率	销售净利率＝净利润÷营业收入净额×100% 销售净利率反映了企业净利润占营业收入的比例。净利率越高，说明企业通过销售获取净收入的能力越强；反之，通过销售获取净收入的能力越弱
成本费用净利率	成本费用净利率＝净利润÷成本费用总额×100% 成本费用总额＝营业成本＋税金及附加＋销售费用＋管理费用＋财务费用＋所得税费用等 成本费用净利率可直观地反映企业为了获取利润而付出的代价大小。该净利率越高，说明企业为了获取利润所付出的代价越小；反之，为了获取利润所付出的代价越大

实务案例 通过相应的财务指标衡量公司的盈利能力

某公司某年公布的上一年度的财务报告中，相关数据见表7-8。会计人员根据这些数据来分析本公司的盈利能力。

表7-8　财务报告　　　　　　　　　　　单位：万元

项目	年初金额	年末金额	项目	本年金额
资产总额	17 299	18 692.00	利润总额	796.76
股东权益总额	2 705.79	3 498.44	净利润	415.16
—	—	—	营业收入	4 191.12
—	—	—	营业成本	2 965.41
—	—	—	成本费用总额	3 607.71

假设该公司上一年度没有发生任何销售退回、销售折扣和折让。

资产利润率 $=796.76 \div [(17\,299+18\,692.00) \div 2] \times 100\%=4.43\%$

资产净利率 $=415.16 \div [(17\,299+18\,692.00) \div 2] \times 100\%=2.31\%$

股东权益报酬率 $=415.16 \div [(2\,705.79+3\,498.44) \div 2] \times 100\%=13.38\%$

销售毛利率 $=(4\,191.12-2\,965.41) \div 4\,191.12 \times 100\%=29.25\%$

销售净利率 $=415.16 \div 4\,191.12 \times 100\%=9.91\%$

成本费用净利率 $=415.16 \div 3\,607.71 \times 100\%=11.51\%$

从计算结果可知，该公司上一年度的资产利润率和资产净利率分别为4.43%和2.31%，相对来说比值不大，企业资产的盈利能力较弱，可猜测公司资产的配置可能不是十分合理。而股东权益报酬率为13.38%，比起总资产的盈利能力，股东投入资金的获利能力更强。再结合期末负债总额有15 193.56万元（18 692.00-3 498.44），说明负债过多影响了企业的整体盈利能力。而且期末负债总额是期末股东权益总额的4.34倍，远远超过了股东权益总额，使得资产负债率高达81.28%（15 193.56÷18 692.00×100%），企业存在较大的财务风险，偿债能力较弱。

销售毛利率为 29.25%，说明企业每获取 100.00 元的营业收入净额，可以有 29.25 元的毛利收入；同理，每获取 100.00 元的营业收入净额，可以有 9.91 元的净利润。可能看上去公司的盈利能力不高，但如果与公司所处行业平均水平相当，也算是不错的盈利水平。成本费用净利率 11.51% 说明企业付出 100.00 元的代价可以获得 11.51 元的净利润，同样与同行业平均水平比较，得出更客观的盈利能力强弱的结论。

7.2.3　用财务指标分析公司营运能力

营运能力指企业基于外部市场环境的约束，通过内部人力资源和生产资料的配置组合对财务目标实现所产生作用的大小。更具体地说，营运能力可以反映企业的资金周转状况。资金周转状况好，说明资金利用效率高，营运能力强。常见的用来衡量企业营运能力的财务指标是一些周转率指标，具体见表 7-9。

表 7-9　常用的周转率财务指标

财务指标	计算公式和说明
应收账款周转率	应收账款周转率 = 赊销收入净额 ÷ 应收账款平均余额 赊销收入净额 = 销售收入 − 销售退回 − 销售折扣 − 销售折让 应收账款平均余额 =（期初应收账款 + 期末应收账款）÷2 应收账款周转率可以评价应收账款的流动性大小，它主要反映应收账款在一个会计年度内的周转次数。周转率越高，说明企业应收账款在一个会计年度内的周转次数越多，周转速度越快；反之，周转次数越少，周转速度越慢。如果应收账款周转率过低，可能会导致应收账款占用资金数量过多，影响企业的资金利用率。但如果应收账款周转率过高，可能表现为信用政策较严格，会限制企业销售量的扩大，从而影响企业的盈利能力
存货周转率	存货周转率 = 销售成本 ÷ 存货平均余额 存货平均余额 =（期初存货余额 + 期末存货余额）÷2 存货周转率反映了一定时期内企业存货的周转次数和周转速度，同时还可反映企业存货是否过量。正常情况下，周转率越高，说明存货在一定时期内的周转次数越多，周转速度越快，企业销售能力越强，资金利用效率越高；反之，周转速度越慢，存货易出现积压问题

财务指标	计算公式和说明
流动资产周转率	流动资产周转率 = 销售收入 ÷ 流动资产平均余额 流动资产平均余额 = （期初流动资产余额 + 期末流动资产余额）÷2 流动资产周转率反映了一个会计年度内企业流动资产的周转次数和周转速度。周转率越高，说明企业流动资产的周转速度越快，利用效率越高；反之，流动资产的周转速度越慢，利用效率越低
固定资产周转率	固定资产周转率 = 销售收入 ÷ 固定资产平均净值 固定资产平均净值 = （期初固定资产净值 + 期末固定资产净值）÷2 固定资产净值 = 固定资产原值 − 累计折旧 固定资产周转率主要反映企业固定资产的利用效率。周转率越高，说明企业固定资产的利用率越高，管理水平越高；反之，固定资产的利用率越低，管理水平也越低
总资产周转率	总资产周转率 = 销售收入 ÷ 资产平均总额 资产平均总额 = （期初资产总额 + 期末资产总额）÷2 总资产周转率主要反映企业所有资产的使用效率。周转率越高，说明企业利用其资产开展经营活动的效率越好，营运能力越强；反之，企业利用其资产开展经营活动的效率越差，营运能力越弱，企业需要采取积极的措施提高资产的利用率

实务案例 通过相应的财务指标衡量公司的营运能力

某公司某年公布的上一年度的财务报告中，相关数据见表 7-10。会计人员根据这些数据来分析本公司的运营能力。

表 7-10　财务报告　　　　　　　　单位：万元

项目	年初金额	年末金额	项目	本年金额
应收账款	18.45	24.84	营业收入	1 174.04
存货	5 840.01	6 820.59	营业成本	775.11
流动资产	9 369.22	10 491.00	销售商品收到现金	2 025.46
固定资产	74.72	76.64	—	—
资产总额	10 332.00	11 479.00	—	—

假设该公司 2020 年度没有发生任何销售退回、销售折扣和折让。

应收账款周转率 =（1 174.04−2 025.46）÷ [（18.45+24.84）÷2]=−39.34

存货周转率 =775.11÷ [（5 840.01+6 820.59）÷2]=0.12

流动资产周转率 =1 174.04÷ [（9 369.22+10 491.00）÷2]=0.12

固定资产周转率 =1 174.04÷ [（74.72+76.64）÷2]=15.51

总资产周转率 =1 174.04÷ [（10 332.00+11 479.00）÷2]=0.11

从计算结果可知，企业的应收账款周转率为负数，结合相关数据分析，企业上一年度销售商品收到现金比营业收入大，说明企业的销售商品业务很可能都是以现金收讫，没有赊销收入，而且还可能收到了前期销售商品款项，此时应收账款周转率失去评价意义。

存货周转率 0.12，说明企业存货在一年内还没有周转一次，周转速度很慢；同理，流动资产周转率 0.12，说明企业流动资产在一年内也没有周转一次，周转速度很慢。总资产周转率 0.11，说明企业所有资产在一年内没有周转一次，周转速度很慢。这些都说明企业的资产利用效率非常低，而且存货很容易出现积压的情况，营运能力很低。

而固定资产周转率为 15.51，说明企业的固定资产在一年内可周转 15 次，周转平均不到一个月就可以周转一次，周转速度较快，固定资产的利用率较高，管理水平较好。但因为存货和流动资产的周转率都非常低，因此使得总资产周转率很低。

当然，有些企业由于其所处的行业特点，会使各种资产周转率明显低于其他行业，这时就需要结合行业特点做更详细的分析，不能以偏概全。

7.2.4 用财务指标估计公司发展能力

发展能力指企业扩大经营规模、壮大经济实力的潜在能力，有时也称之为成长能力。实务中，一般通过一些增长率财务指标来衡量公司的发展能力，如销售增长率、利润增长率、资产增长率和股权资本增长率。具体见表 7-11。

表 7-11　常用的增长率财务指标

财务指标	计算公式和说明
销售增长率	销售增长率 = 本年营业收入增长额 ÷ 上年营业收入总额 × 100% 本年营业收入增长额 = 本年营业收入总额 − 上年营业收入总额 销售增长率反映了企业营业收入的变化情况。比率大于 0，说明企业当年的营业收入相较于上一年度有所增加，且比率越高，营业收入的成长性越好，企业的发展能力越强，比率越低，发展能力越弱；反之如果小于 0，说明企业当年营业收入相较于上一年度有所减少
利润增长率	利润增长率 = 本年利润总额增长额 ÷ 上年利润总额 × 100% 本年利润总额增长额 = 本年利润总额 − 上年利润总额 净利润增长率 = 本年净利润增长额 ÷ 上年净利润 × 100% 本年净利润增长额 = 本年净利润 − 上年净利润 利润增长率和净利润增长率都是利润增长率，分别反映的是企业利润总额和净利润的变化情况。比率大于 0，说明企业当年的利润总额或净利润相较于上一年度有所增加，且比率越高，利润总额或净利润的成长性越好，企业的发展能力越强，比率越低，发展能力越弱；反之如果小于 0，说明企业当年利润总额或净利润相较于上一年减少了
资产增长率	资产增长率 = 本年总资产增长额 ÷ 年初资产总额 × 100% 本年总资产增长额 = 年末资产总额 − 年初资产总额 资产增长率反映的是企业资产总额的变化情况，也就是反映资产规模扩张情况。比率大于 0，说明企业当年的资产总额相较于上一年有所扩张，且比率越高，扩张速度越快，总资产成长性越好，企业发展能力越强，比率越低，发展能力越弱；反之如果小于 0，说明企业总资产规模不仅没有扩张，反而在缩小
股权资本增长率	股权资本增长率 = 本年股东权益增长额 ÷ 年初股东权益总额 × 100% 本年股东权益增长额 = 年末股东权益总额 − 年初股东权益总额 股权资本增长率反映的是企业股东权益的变化情况，同时也体现企业资本的积累能力。比率大于 0，说明企业当年的股东权益相较于上一年有所增加，且比率越高，股东权益成长性越好，企业发展能力越强，比率越低，发展能力越弱；反之如果小于 0，说明企业当年的股东权益相较于上一年有所下降

上表所示的财务指标分别从不同的角度反映企业的发展能力，实务中，不能仅用一年的财务比率来评价企业的发展能力，这样评价结果不够准确，而应当计算连续若干年的财务指标值。

![图钉图标] **实务案例** 通过相应的财务指标衡量公司的发展能力

某公司 20×0 ~ 20×3 年的相关财务数据见表 7-12。会计人员根据这些数据分析本公司的发展能力。

表 7-12　财务数据　　　　　　　　　　单位：万元

报表项目	年份时间			
	20×3. 12. 31	20×2. 12. 31	20×1. 21. 31	20×0. 12. 31
营业收入	95.30	322.01	256.20	233.09
利润总额	−24.00	54.67	43.51	101.91
净利润	−24.17	43.44	32.51	87.38
资产总额	1 226.56	1 204.45	1 046.64	1 067.83
股东权益	731.69	757.65	740.49	718.71

20×3 年销售增长率 =（95.30−322.01）÷322.01×100%=−70.40%

20×2 年销售增长率 =（322.01−256.20）÷256.20×100%=25.69%

20×1 年销售增长率 =（256.20−233.09）÷233.09×100%=9.91%

20×3 年利润增长率 =（−24.00−54.67）÷54.67×100%=−143.90%

20×2 年利润增长率 =（54.67−43.51）÷43.51×100%=25.65%

20×1 年利润增长率 =（43.51−101.91）÷101.91×100%=−57.31%

20×3 年净利润增长率 =（−24.17−43.44）÷43.44×100%=−156.96%

20×2 年净利润增长率 =（43.44−32.51）÷32.51×100%=33.62%

20×1 年净利润增长率 =（32.51−87.38）÷87.38×100%=−62.79%

20×3 年总资产增长率 =（1 226.56−1 204.45）÷1 204.45×100%=1.84%

20×2 年总资产增长率 =（1 204.45−1 046.64）÷1 046.64×100%=15.08%

20×1 年总资产增长率 =（1 046.64−1 067.83）÷1 067.83×100%=−1.98%

20×3 年股权资本增长率 =（731.69−757.65）÷757.65×100%=−3.43%

20×2 年股权资本增长率 ＝（757.65−740.49）÷740.49×100%=2.32%

20×1 年股权资本增长率 ＝（740.49−718.71）÷718.71×100%=3.03%

从上述计算结果可知，该公司的销售增长率在 20×2 年时有明显的增长，但在 20×3 年时出现了负增长，且幅度较大，达到 −70.40%，说明公司的营业收入变化较大，且不稳定，初步判断发展能力较弱。利润增长率在 20×1 年和 20×3 年都呈现负增长，甚至在 20×3 年达到了 −143.90%，说明公司的利润总额也在增长和减少之间剧烈变化，也初步判定公司发展能力较弱。净利润增长率与利润增长率的变化趋势相似，同样在 20×1 年和 20×3 年出现负增长，也就是说净利润在这两年出现了很明显的减少情况，进一步证明了公司发展能力减弱。

总资产增长率的变化幅度不大，且基本上都维持着正向增长，说明公司的总资产规模在不断扩大，尤其是 20×2 年总资产增长率达到 15.08%，公司还是有一定的发展能力。股权资本增长率在 20×1 年和 20×2 年都是正增长，到了 20×3 年却出现了负增长，为 −3.43%，猜想 20×3 年公司可能分配了现金股利，或者是经营上出现了某些问题。

总的来看，该公司的发展能力偏弱，后期在提高发展能力的同时，要想办法一并提高公司的销售获利能力。

7.2.5 采用杜邦分析法综合判定公司净资产收益率

杜邦分析法是利用几种主要的财务比率之间的关系来综合分析企业财务状况的方法。核心财务比率为净资产收益率，对其进行逐级分解，形成多项财务比率乘积，可以更深入地分析比较企业的经营业绩。

在前面的章节中我们已经学习过净资产收益率，而在使用杜邦分析法的过程中，还会涉及的财务指标和数据有资产净利率、权益乘数、销售净利率、总资产周转率、资产负债率、净利润、销售收入、负债总额、资产总额、全部成本、所得税费用、流动资产、非流动资产、货币资金、应收账款和存货等。

杜邦分析法可用一张树状图来体现，如图 7-7 所示。

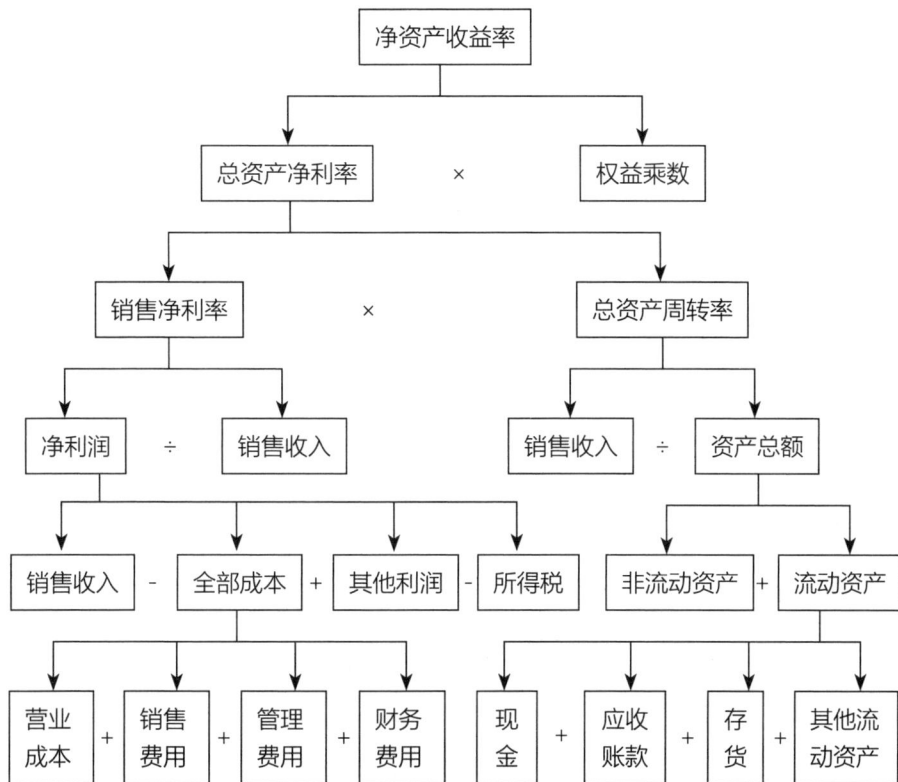

图 7-7 杜邦分析法示意图

下面通过一个案例来看看杜邦分析法的运用。

📌 **实务案例** 利用杜邦分析法分析企业经营业绩

为了更好地比较某公司 2022 年和 2023 年的经营业绩变化情况，会计人员从众多财务数据中提取了数据，见表 7-13。

表 7-13　财务数据　　　　　　　　　　　　　单位：万元

报表项目	20×3.12.31	20×2.12.31	20×1.12.31
资产总额	27 928.90	26 680.30	24 959.80

续表

报表项目	20×3.12.31	20×2.12.31	20×1.12.31
负债总额	12 505.80	10 647.40	9 098.60
销售收入	1 043.40	4 252.60	4 683.90
全部成本	1 798.97	4 000.50	4 279.69
净利润	−598.21	110.56	264.04

按照杜邦分析法列示的各乘积关系，求出 2023 年和 2022 年的一些重要财务指标值，见表 7-14。

表 7-14 财务指标

财务指标	20×3 年	20×2 年
销售净利率	−57.33%	2.60%
总资产周转率	3.82%	16.47%
总资产净利率	−2.19%	0.43%
权益乘数	1.81	1.66
净资产收益率	−3.96%	0.71%

从上表计算出的各财务指标值可知，该公司 20×3 年的净资产收益率为 −3.96%，20×2 年净资产收益率为 0.71%，收益率过低，说明公司近些年的经营业绩不佳。而且 20×3 年的净资产收益率为负，说明当年经营亏损。从整体财务比率的形成过程来看，对其影响最明显的就是销售净利率，20×3 年由于销售净利率为负，导致总资产净利率为负，进而使得净资产收益率为负，也进一步印证了公司当年经营亏损的结论。

而 20×3 年和 20×2 年的权益乘数相差并不大，对该公司来说，权益乘数对净资产收益率形成巨大差异没有很明显的作用。

从净资产收益率的绝对值来看，两者相差不大。从杜邦分析法的整个计算分析过程来看，是总资产周转率导致的。虽然 20×3 年和 20×2 年的销售净利率相差较大，但 20×3 年和 20×2 年的总资产周转率相差也很大，且这两年的两个财务比率类似于此消彼长的状态，因此通过乘法运算，拉平了两年净资产收益率的水平，使之相差不大。

7.3　掌握正确的方法科学管理会计档案

企业的各种会计档案是非常重要的会计资料，记录着非常多且重要的经济业务数据，需要企业会计机构连同相关的档案管理部门进行科学的管理，其中有一些非常重要的规则和要求需要会计人员牢记。

7.3.1　牢记各种会计档案的最低保管期限

按照最新的《会计档案管理办法》的规定，企业的各种会计档案最低保管期限见表7-15。

表 7-15　会计档案最低保管期限

会计资料	最低保管期限
一、会计凭证	
1.原始凭证	30 年
2.记账凭证	30 年
二、会计账簿	
3.总账	30 年
4.明细账	30 年
5.日记账	30 年
6.固定资产卡片	固定资产报废清理后保管 5 年
7.其他辅助性账簿	30 年
三、财务会计报告	

续表

会计资料	最低保管期限
8. 月度、季度、半年度财务会计报告	10 年
9. 年度财务会计报告	永久
四、其他会计资料	
10. 银行存款余额调节表	10 年
11. 银行对账单	10 年
12. 纳税申报表	10 年
13. 会计档案移交清册	30 年
14. 会计档案保管清册	永久
15. 会计档案销毁清册	永久
16. 会计档案鉴定意见书	永久

7.3.2 按照规定的销毁程序销毁会计档案

根据我国《会计档案管理办法》的规定，单位的档案管理机构负责管理本单位的会计档案，也可以委托具备档案管理条件的机构代为管理会计档案。

单位应定期对保管期限已届满的会计档案进行鉴定，并形成会计档案鉴定意见书。经鉴定，仍需继续保存的会计档案，应重新划定保管期限；确实没有保存价值的会计档案可以销毁。

会计档案鉴定工作应由单位档案管理机构牵头，组织单位会计、审计和纪检监察等机构或人员共同进行。经鉴定可以销毁的会计档案，应按照规定的程序进行销毁。具体如图 7-8 所示。

由本单位档案管理机构会同会计机构提出销毁意见，编制会计账簿档案销毁清册，列明销毁档案的名称、卷号、册数、起止年度、档案编号、应保管期限、已保管期限和销毁时间等内容，由单位负责人在会计账簿销毁清册上签署意见。

组织相关人员进行会计账簿的销毁工作，同时应由档案管理机构和会计机构共同派员监销，如果是国家机关销毁会计账簿，应由同级财政部门、审计部门派员参加监销，财政部门销毁会计账簿时应由同级审计部门派员参加监销。

由监销人员在销毁会计账簿前按照会计账簿销毁清册所列内容清点核对所需销毁的会计账簿，销毁后应在会计账簿销毁清册上签名盖章，并将监销情况报告本单位负责人。

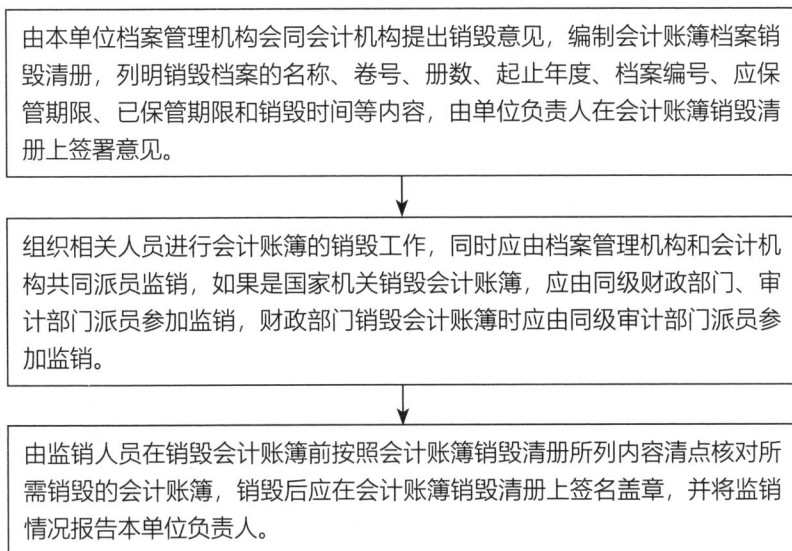

图 7-8　会计档案销毁程序

注意，单位电子会计档案的销毁还应符合国家有关电子档案的规定，并由单位档案管理机构、会计管理机构和信息系统管理机构共同派员监销。

保管期届满但未结清债权债务的会计凭证和涉及其他未了事项的会计凭证不得销毁，如果是纸质会计档案，应单独抽出立卷；如果是电子会计档案，应单独转存，保管到未了事项完结时止。

实务答疑

问：什么是市盈率、市净率？

答： 市盈率指普通股每股市价与每股利润的比率，即"市盈率＝每股市价÷每股利润"，也称价格盈余比率。市净率指普通股每股市价与每股净资产的比率，即"市净率＝每股股价÷每股净资产"。市盈率和市净率都是用来衡量企业盈利能力的重要指标，但它们并不直接用于分析企业的盈利能力，而是投资者以盈利能力分析为基础，对公司股票进行价值评估。

问：编制现金流量表所用的工作底稿是什么样子？

答：本章 7.1.3 节提到的编制现金流量表可能用到的工作底稿，常见的现金流量表如图 7-9 所示。

现金流量表工作底稿

	项目	期初数	会计分录 借方	会计分录 贷方	期末数
	借方项目：				
	货币资金				
	应收票据				
	应收账款				
	预付账款				
	其他应收款				
	存货				
	长期股权投资				
	固定资产				
	在建工程				
	借方项目合计：				
资产负债表项目	**贷方项目：**				
	短期借款				
	应付票据				
	应付账款				
	预收账款				
	应付职工薪酬				
	应交税费				
	其他应付款				
	长期应付款				
	实收资本				
	资本公积				
	盈余公积				
	未分配利润				
	贷方项目合计：				
	营业收入				
	营业成本				
	税金及附加				
利润表项目	销售费用				
	管理费用				
	财务费用				
	投资收益				
	营业外收入				
	营业外支出				
	所得税费用				
	净利润				
	一、经营活动产生现金流量：				
	销售商品、提供劳务收到的现金				
	收到的税费返还				
	收到的其他与经营活动有关的现金				
	经营活动现金流入小计				
	购买商品、接受劳务支付的现金				
	支付给职工以及为职工支付的现金				
	支付的各项税费				
	支付的其他与经营活动有关的现金				
	经营活动现金流出小计				
	经营活动产生的现金流量净额				
	二、投资活动产生的现金流量：				
	收回投资收到的现金				
	取得投资收益收到的现金				
	处置固定资产、无形资产和其他长期资产收回的现金净额				
	收到的其他与投资活动有关的现金				
现金流量表项目	**投资活动现金流入小计**				
	购建固定资产、无形资产和其他长期资产支付的现金				
	投资支付的现金				
	取得子公司及其他营业单位支付的现金净额				
	支付其他与投资活动有关的现金				
	投资活动现金流出小计				
	投资活动产生的现金流量净额				
	三、筹资活动产生的现金流量：				
	吸收投资收到的现金				
	取得借款收到的现金				
	收到的其他与筹资活动有关的现金				
	筹资活动现金流入小计				
	偿还债务支付的现金				
	分配股利、利润或偿付利息支付的现金				
	支付的其他与筹资活动有关的现金				
	筹资活动现金流出小计				
	筹资活动产生的现金流量净额				
	四、汇率变动对现金及现金等价物的影响				
	五、现金及现金等价物净增加额				
	加：期初现金及现金等价物余额				
	六、期末现金及现金等价物余额				

图 7-9 编制现金流量表可能用到的工作底稿

第 8 章

完成纳税申报及其他税种的税务

新公司实施管理的过程中，财务与税务是密不可分的。也就是说，会计人员不仅要根据实际发生的经济或事项进行账务处理，还需要处理相关的税务，比如税额核算、税费缴纳、纳税申报以及办理税务（开业、变更和注销）登记等事项。一些企业的会计管理机构比较完善，会设置办税人员岗位，专门负责公司的税务处理工作，小一点的企业可以指定专人负责。

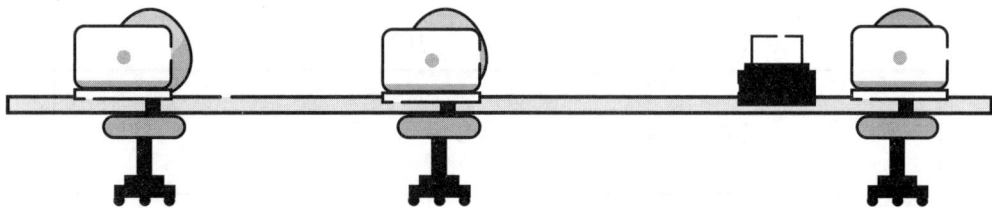

8.1 流转税及其附加税费的纳税申报事宜

我们常说的流转税是指增值税、消费税和关税，而附加税费指城市维护建设税、教育费附加和地方教育附加。公司的这些税费的纳税申报事宜需要会计人员熟知。

8.1.1 增值税的纳税申报与征收管理

纳税人当期应缴纳的增值税税额主要通过以下公式计算得出：

当期增值税应纳税额 = 当期销项税额 − 当期进项税额

其中当期销项税额或小规模纳税人当期应缴纳的税额计算公式如下：

销项税额（或小规模纳税人应纳税额）= 销售额 × 适用税率

最新的增值税税率有 13%、9%、6% 和 0，小规模纳税人统一适用 3% 的征收率。

要想及时处理公司的税务，就需要牢记各税种的纳税义务发生时间、纳税地点以及纳税期限等重要事项。

（1）纳税义务发生时间

不同情形下，增值税的纳税义务发生时间是不同的。比如，纳税人发生应税销售行为的，纳税义务发生时间为收讫销售款项或取得索取销售款项凭据的当天；先开具发票的，为开具发票的当天。要注意的是，这类情况又需要划分更细致的情形，见表 8-1。

表 8-1　不同情形下的销售形为纳税义务发生时间

情　　形	纳税义务发生时间
采取直接收款方式销售货物	不论货物是否发出，均为收到销售款或取得索取销售款凭据的当天；先开具发票的，为开具发票的当天

情　　形	纳税义务发生时间
采取托收承付和委托银行收款方式销售货物	发出货物并办妥托收手续的当天
采取赊销和分期收款方式销售货物	书面合同约定的收款日期的当天；没有书面合同的或书面合同没有约定收款日期的，为货物发出的当天
采用预收货款方式销售货物	货物发出的当天。但生产销售生产工期超过 12 个月的大型机械设备、船舶、飞机等货物，为收到预收款或书面合同约定的收款日期的当天
委托其他纳税人代销货物	收到代销单位的代销清单或收到全部或部分货款的当天；未收到代销清单和货款的，为发出代销货物满 180 天的当天
纳税人从事金融商品转让	金融商品所有权转移的当天
纳税人发生相关视同销售货物行为	货物移送的当天
纳税人发生视同销售劳务、服务、无形资产、不动产等情形	劳务、服务、无形资产转让完成的当天或不动产权属变更的当天

另外，纳税人进口货物的，其纳税义务发生时间为报关进口的当天；增值税扣缴义务发生时间为纳税人增值税纳税义务发生的当天。

（2）纳税地点

纳税人应向其机构所在地的税务机关申报纳税。如果有总机构和分支机构，且不在同一县（市）的，应分别向各自所在地的税务机关申报纳税，但经国务院财政、税务部门或其授权的财政、税务机关批准，则可以由总机构汇总向总机构所在地的税务机关申报纳税。

如果纳税人到机构所在地之外的县（市）销售货物或劳务，应向机构所在地的税务机关报告外出经营事项，并向机构所在地税务机关申报纳税；

未报告的，应向销售地或劳务发生地的税务机关申报纳税；未向销售地或劳务发生地税务机关申报纳税的，应由机构所在地的税务机关补征税款。

纳税人如果没有固定的经营机构销售货物或劳务的，应向销售地或劳务发生地的税务机关申报纳税；未向销售地或劳务发生地的税务机关申报纳税的，由其居住地的税务机关补征税款。

纳税人进口货物的，应向报关地海关申报纳税。其他个人提供建筑服务、销售或租赁不动产、转让自然资源使用权等，应向建筑服务发生地、不动产所在地、自然资源所在地税务机关申报纳税。

（3）纳税期限

按照《中华人民共和国增值税暂行条例》的规定，增值税的纳税期限主要为固定期限和按次纳税。固定期限分别为 1 日、3 日、5 日、10 日、15 日、1 个月或 1 个季度。纳税人的具体纳税期限由税务机关根据纳税人应纳税额的大小分别核定。不能按固定期限纳税的，可按次纳税。其中，以一个季度为纳税期限的，适用于小规模纳税人、银行、财务公司和信托投资公司等。

纳税人以一个月或一个季度为一个纳税期限的，自期满之日起 15 日内申报纳税；以 1 日、3 日、5 日、10 日或 15 日为一个纳税期限的，自期满之日起 5 日内预缴税款，在次月 1 日起至 15 日内申报纳税并结清上月应纳税款。扣缴义务人解缴税款的期限依照前述规定执行。纳税人进口货物的，应从海关填发进口增值税专用缴款书之日起 15 日内缴纳税款。

8.1.2 消费税的纳税申报与征收管理

消费税是对特殊消费品征收税款的一种税，其应纳税额的计算稍显复杂，需要根据不同的情形选择合适的计算公式，比如要区分生产销售、自产自用、委托加工和进口环节等，具体见表 8-2。

表 8-2　不同情形下的消费税应纳税额

情　　形	应纳税额
生产销售应税消费品	①实行从价定率计征消费税： 应纳税额＝销售额 × 比例税率 ②实行从量定额计征消费税： 应纳税额＝销售数量 × 定额税率 ③实行从价定率和从量定额复合方法计征消费税： 应纳税额＝销售额 × 比例税率＋销售数量 × 定额税率
自产自用应税消费品	①实行从价定率计征消费税： 组成计税价格＝（成本＋利润）÷（1－比例税率） 应纳税额＝组成计税价格 × 比例税率 ②实行复合计税方法计征消费税： 组成计税价格＝（成本＋利润＋自产自用数量 × 定额税率）÷（1－比例税率） 应纳税额＝组成计税价格 × 比例税率＋自产自用数量 × 定额税率
委托加工应税消费品	①实行从价定率计征消费税： 组成计税价格＝（材料成本＋加工费）÷（1－比例税率） 应纳税额＝组成计税价格 × 比例税率 ②实行复合计税方法计征消费税： 组成计税价格＝（材料成本＋加工费＋委托加工数量 × 定额税率）÷（1－比例税率） 应纳税额＝组成计税价格 × 比例税率＋委托加工数量 × 定额税率
进口应税消费品	①实行从价定率计征消费税： 组成计税价格＝（关税完税价格＋关税）÷（1－消费税比例税率） 应纳税额＝组成计税价格 × 消费税比例税率 ②实行复合计税办法计征消费税： 组成计税价格＝（关税完税价格＋关税＋进口数量 × 定额税额）÷（1－消费税比例税率） 应纳税额＝组成计税价格 × 消费税比例税率＋进口数量 × 定额税率

消费税也有一些征收管理规定，主要从纳税义务发生时间、纳税地点

和纳税期限等方面掌握。

（1）纳税义务发生时间

纳税人销售应税消费品的，需按照不同的销售结算方式确定纳税义务发生时间。

◆ 采取赊销和分期收款结算方式的，为书面合同约定的收款日期的当天；书面合同没有约定收款日期或无书面合同的，为发出应税消费品的当天。

◆ 采取预收货款结算方式的，为发出应税消费品的当天。

◆ 采取托收承付和委托银行收款方式的，为发出应税消费品并办妥托收手续的当天。

◆ 采取其他结算方式的，为收讫销售款或取得索取销售款凭据当天。

纳税人自产自用应税消费品的，为移送使用的当天；委托加工应税消费品的，为纳税人提货的当天；进口应税消费品的，为报关进口的当天。

（2）纳税地点

纳税人销售应税消费品或自产自用应税消费品的，除国务院财政、税务主管部门另有规定外，应向纳税人机构所在地或居住地的税务机关申报纳税。委托加工应税消费品的，除受托方为个人外，由受托方向机构所在地或居住地的税务机关解缴消费税税款；受托方为个人的，由委托方向其机构所在地税务机关申报纳税。进口应税消费品的，由进口人或其代理人向报关地海关申报纳税。

纳税人到外县（市）销售或委托外县（市）代销自产应税消费品的，在应税消费品销售后，由纳税人向机构所在地税务机关申报纳税。

纳税人的总机构和分支机构不在同一县（市）的，应分别向各自机构所在地税务机关申报纳税；如果在同一省、自治区或直辖市范围内，经省、自治区或直辖市的税务局审批同意，可以由总机构汇总向总机构所在地税务机关申报纳税。

（3）纳税期限

消费税的纳税期限同样有固定期限和按次纳税两种，固定期限分别为1日、3日、5日、10日、15日、1个月或1个季度，纳税人的具体纳税期限由税务机关根据纳税人应纳税额的大小分别核定。不能按照固定期限纳税的，可按次纳税。

纳税人以一个月或一个季度为一个纳税期限的，自期满之日起15日内申报纳税；以1日、3日、5日、10日或15日为一个纳税期限的，自期满之日起5日内预缴税款，在次月1日至15日内申报纳税并结清上月应纳税款。纳税人进口应税消费品的，应自海关填发海关进口消费税专用缴款书之日起15日内缴纳税款。

知识贴士 消费税的其他重要规定

纳税人销售的应税消费品因质量等原因由买方退回时，经机构所在地或居住地税务机关审核批准后，可退换已经缴纳的消费税税款。出口的应税消费品办理退税后发生退关，或国外退货进口时予以免税的，报关出口者必须及时向其机构所在地或居住地税务机关申报补缴已退还的消费税税款。

8.1.3 关税的纳税申报与征收管理

关税是对进出国境或关境的货物、物品征收的一种税。在我国有进口关税和出口关税之分。

关税主要采取从价计征方法，按照进出口货物的完税价格为计税依据进行征收。不同情况下的完税价格是不同的，具体可参照相应的关税政策。与增值税和消费税类似，在计算关税应纳税额时也要分情况选择计算公式。

从价计税：应纳税额＝应税进（出）口货物数量 × 单位完税价格 × 适用税率。

从量计税：应纳税额＝应税进口货物数量 × 关税单位税额。

复合计税：应纳税额＝应税进口货物数量 × 单位完税价格 × 适用税率＋应税进口货物数量 × 关税单位税额。

关税的税率有很多种，执行起来是比较复杂的，具体税率可参考我国海关总署发布的相关规定和政策。

关税的纳税义务发生时间为进出口货物进出境的当天，也就是说，关税在纳税人按进出口货物通关规定向海关申报后、海关放行前一次性缴纳。进出口货物的收发货人或其代理人应在海关签发税款缴款凭证次日起 15 日内向指定银行缴纳税款。

对于由海关误征、多缴纳税款的，纳税人可以从缴纳税款之日起一年内，书面声明理由，连同纳税收据向海关申请退税，逾期不予受理。

8.1.4　附加税费的纳税申报与征收管理

附加税费是指增值税和消费税的附加税费，即城市维护建设税、教育费附加和地方教育附加。这三种附加税费均要以纳税人实际缴纳的增值税和消费税税额为依据计征，所以它们的应纳税额计算公式可统一为一个。

应纳税额＝实际缴纳的增值税、消费税税额 × 适用税率

其中，城市维护建设税的税率主要有 3 档：纳税人所在地在市区的，税率为 7%；纳税人所在地在县城和镇的，税率为 5%；纳税人所在地在乡村的，税率为 1%。教育费附加和地方教育附加的费率分别为 3% 和 2%。

城市维护建设税、教育费附加和地方教育附加的征收管理同增值税，纳税人在进行增值税纳税申报时就要一并进行这些附加税费的纳税申报。

通常来说，城市维护建设税、教育费附加和地方教育附加都按月或按季征收，如果不能按月或按季征收，则按次计征。实行按月或按季征收的，纳税人应在月度或季度终了之日起 15 日内申报并缴纳税款；实行按次征收的，纳税人应在纳税义务发生之日起 15 日内申报并缴纳税款。扣缴义务人解缴税款的期限依照前述规定执行。

8.2　所得税的纳税申报事宜

在我国，所得税是指企业所得税和个人所得税。企业所得税是对企业生产经营所得和其他所得征收的一种所得税；个人所得税是对个人（即自然人）取得的各项应税所得征收的一种所得税。两种税分别关系着企业和个人利益，因此公司的会计人员有必要掌握相应的税务事宜。

8.2.1　企业所得税的纳税申报与征收管理

作为企业会计人员，不仅要会核算企业所得税的应纳税额，还要清楚相关税务事项和手续。企业所得税的应纳税额计算公式如下：

$$应纳税额 = 应纳税所得额 \times 适用税率 - 减免税额 - 抵免税额$$
$$应纳税所得额 = 收入总额 - 不征税收入 - 免税收入 - 各项扣除 - 以前年度亏损$$

根据税收政策的规定，需要缴纳企业所得税的收入主要有九类：销售货物收入；提供劳务收入；转让财产收入；股息、红利等权益性投资收益，利息收入；租金收入；特许权使用费收入；接受捐赠收入和其他收入。

关于企业所得税税率，我国主要税率为25%，还有一些因为企业所得税优惠政策的规定而执行的低税率，如20%、15% 和10%。具体应该用哪一种税率，需纳税人根据自身实际情况选定。

知识贴士 企业所得税的不征税收入和免税收入

对于企业所得税，有一些收入是不征税的，如财政拨款，依法收取并纳入财政管理的行政事业性收费、政府性基金，以及国务院规定的其他不征税收入。其中，财政拨款指各级任免政府对纳入预算管理的事业单位、社会团体等组织拨付的财政资金，但国务院和国务院财政、税务主管部门另有规定的除外。行政事业性收费指依照法律法规等有关规定，按照国务院规定程序批准，在实施社会公共管理以及向公民、法人或其他组织提供特定公共服务过程中，向特定对象收取并纳入财政管理的费用。政府性基金指企业依照法律法规等有关规定，代政府收取的具有专项用途的财政资金。

还有一些是免税收入，如国债利息收入，符合条件的居民企业之间的股息、红利等权益性投资收益，在中国境内设立机构、场所的非居民企业从居民企业取得与该机构、场所有实际联系的股息、红利等权益性投资收益，以及符合条件的非营利组织的收入。

我国企业所得税实行汇算清缴制度，即按年计征，分月或分季预缴，年终汇算清缴，多退少补。纳税年度从公历 1 月 1 日起至 12 月 31 日止。但如果企业在一个纳税年度中间开业或终止经营活动，使该纳税年度的实际经营期不足 12 个月，则应以实际经营期为一个纳税年度。企业依法清算时，应以清算期间为一个纳税年度。

纳税人按月或按季预缴企业所得税的，应从月度或季度终了之日起 15 日内向税务机关报送预缴企业所得税纳税申报表，并预缴税款。

年度终了后，纳税人应在年度终了之日起 5 个月内向税务机关报送年度企业所得税纳税申报表，并汇算清缴，结清应缴应退税款。在年度中间终止经营活动的，应从实际经营终止之日起 60 日内，向税务机关办理当期企业所得税汇算清缴。

年度终了汇算清缴时，对已按月或按季预缴税款的，不再重新折合计算，只就该纳税年度内未缴纳企业所得税的部分，按照纳税年度最后一日的人民币汇率中间价，折合成人民币计算应纳税所得额。

8.2.2 员工个人所得税的办税事项

个人所得税的征缴需要区分居民个人和非居民个人，在中国境内有住所，或无住所但一个纳税年度内在中国境内居住累计满 183 天的个人，为居民个人，居民个人从中国境内和境外取得的所得，要缴纳个人所得税。

在中国境内无住所又不居住，或无住所但一个纳税年度内在中国境内居住累计不满 183 天的个人，为非居民个人。非居民个人从中国境内取得的所得，需要缴纳个人所得税。

对需要缴纳个人所得税的个人来说，主要有九个应税项目：工资、薪金所得；劳务报酬所得；稿酬所得；特许权使用费所得；经营所得；利息、股息、红利所得；财产租赁所得；财产转让所得以及偶然所得。

我国个人所得税税率根据应税项目的不同实行不同的税率政策，综合所得和经营所得适用的个人所得税税率，分别见表 8-3、表 8-4。

表 8-3 综合所得的个人所得税税率

级 数	全年应纳税所得额	税率（%）	速算扣除数
1	不超过 36 000 元的	3	0
2	超过 36 000 元至 144 000 元的	10	2 520
3	超过 144 000 元至 300 000 元的	20	16 920
4	超过 300 000 元至 420 000 元的	25	31 920
5	超过 420 000 元至 660 000 元的	30	52 920
6	超过 660 000 元至 960 000 元的	35	85 920
7	超过 960 000 元的	45	181 920

综合所得包括工资、薪金所得；劳务报酬所得；稿酬所得和特许权使

用费所得。

表 8-4　经营所得的个人所得税税率

级　数	全年应纳税所得额	税率（%）	速算扣除数
1	不超过 30 000 元的	5	0
2	超过 30 000 元至 90 000 元的	10	1 500
3	超过 90 000 元至 300 000 元的	20	10 500
4	超过 300 000 元至 500 000 元的	30	40 500
5	超过 500 000 元的	35	65 500

其他如利息、股息、红利所得；财产租赁所得；财产转让所得和偶然所得，适用 20% 个人所得税税率。

不同的所得，在计算个人所得税应纳税额时采用的计算公式有差别，具体见表 8-5。

表 8-5　不同个人所得税的应纳税额

所得类型	应纳税额
综合所得	应纳税额 = 应纳税所得额 × 适用税率 - 速算扣除数 =（每一纳税年度的收入额 - 费用 6 万元 - 专项扣除 - 专项附加扣除 - 依法确定的其他扣除）× 适用税率 - 速算扣除数
经营所得	①个体工商户经营所得： 应纳税额 = 应纳税所得额 × 适用税率 - 速算扣除数 ②企事业单位的承包经营、承租经营所得： 应纳税额 = 应纳税所得额 × 适用税率 - 速算扣除数 =（纳税年度收入总额 - 必要费用）× 适用税率 - 速算扣除数
利息、股息、红利所得	应纳税额 = 应纳税所得额 × 适用税率 = 每次收入额 ×20%
财产转让所得	应纳税额 = 应纳税所得额 × 适用税率 =（收入总额 - 财产原值 - 合理费用）×20%
偶然所得	应纳税额 = 应纳税所得额 × 适用税率 = 每次收入额 ×20%

续表

所得类型	应纳税额
财产租赁所得	①每次（月）收入不足 4 000 元的： 应纳税额 =[每月（次）收入额 − 财产租赁过程中缴纳的税费 − 由纳税人负担的租赁财产实际开支的修缮费用(800 元为限)−800] × 20% ②每次（月）收入超过 4 000 元（含 4 000 元）的： 应纳税额 ＝ 每月（次）收入额 − 财产租赁过程中缴纳的税费 − 由纳税人负担的租赁财产实际开支的修缮费用（ 800 元为限)] × （1−20%）× 20%

个人所得税的纳税义务发生时间为取得所得的当月或当天。个人应缴纳的个人所得税一般由任职企业或单位代扣代缴。

居民个人取得综合所得，按年计算个人所得税，有扣缴义务人的（如企业、事业单位等），由扣缴义务人按月或按次预扣预缴税款；需要办理汇算清缴的，应在取得所得的次年 3 月 1 日～ 6 月 30 日内办理。

非居民个人取得工资、薪金所得，劳务报酬所得，稿酬所得和特许权使用费所得，有扣缴义务人的，由扣缴义务人按月或按次代扣代缴税款，不办理汇算清缴。

纳税人取得经营所得，按年计算个人所得税，由纳税人在月度或季度终了后 15 日内向税务机关报送纳税申报表，并预缴税款；在取得所得的次年 3 月 31 日前办理汇算清缴。

纳税人取得利息、股息、红利所得，财产租赁所得，财产转让所得和偶然所得，按月或按次计算个人所得税，有扣缴义务人的，由扣缴义务人按月或按次代扣代缴税款。

纳税人取得应税所得没有扣缴义务人的，应在取得所得的次月 15 日内向税务机关报送纳税申报表，并缴纳税款。

居民个人从中国境外取得所得的，应在取得所得的次年 3 月 1 日～ 6

月 30 日内申报纳税。非居民个人在中国境内从两处以上取得工资、薪金所得的,应在取得所得的次月 15 日内申报纳税。

8.3　其他税种的纳税申报工作

除了本章前述提及的税种,某些企业在生产经营过程中还可能会涉及其他税种的税务事宜,因此会计人员也需要对其他税种的纳税申报工作有所了解和认识。

8.3.1　坐拥房产可能涉及房产税和契税

企业拥有并使用房产,需要缴纳房产税。房产税以房产为征税对象,产权所有人、承典人、房产代管人或使用人等,都可能是房产税的纳税义务人。

契税是国家在土地、房屋权属转移时,按照当事人双方签订的合同以及确定价格的一定比例,向权属承受人征收的一种税。也就是说,在中国境内转移土地、房屋权属,承受的单位和个人都是契税的纳税义务人。

(1)房产税的纳税申报

我国现行房产税采用比例税率,计征方法不同对应不同的税率。从价计征房产税的,税率为 1.2%;从租计征房产税的,税率为 12%。什么叫从价计征和从租计征呢? 从价计征指以房产余值为计税依据计缴房产税的征税方式;从租计征指以房屋出租取得的租金收入为计税依据计缴房产税的征税方式。

不同计征方式下,房产税应纳税额的计算公式不同。

从价计征的房产税应纳税额 = 应税房产原值 × （1- 扣除比例）× 1. 2%

从租计征的房产税应纳税额 = 租金收入 × 12%

在从价计征的房产税应纳税额计算公式中，扣除比例由省、自治区、直辖市人民政府确定。一般在 10% ～ 30% 之间。

房产税的纳税义务发生时间需要根据不同的情形进行确定，见表 8-6。

表 8-6 不同情形下的房产税纳税义务发生时间

情 形	纳税义务发生时间
纳税人将原有房产用于生产经营	从生产经营当月起缴纳房产税
纳税人自行新建房屋用于生产经营	从建成的次月起缴纳房产税
纳税人委托施工企业建设的房屋	从办理验收手续的次月起缴纳房产税
纳税人购置新建商品房	自房屋交付使用的次月起缴纳房产税
纳税人购置存量房	自办理房屋权属转移、变更登记手续，房地产权属登记机关签发房屋权属证书的次月起缴纳房产税
纳税人出租、出借房产	自交付出租、出借本企业房产的次月起缴纳房产税
房地产开发企业自用、出租、出借本企业建造的商品房	自房屋使用或交付的次月起缴纳房产税

房产税在房产所在地缴纳，房产不在同一地方的纳税人，应按房产的坐落地点分别向房产所在地税务机关申报纳税。房产税实行按年计算、分期缴纳的征收方式，具体纳税期限由省、自治区、直辖市人民政府确定。

（2）契税的纳税申报

我国契税也采用比例税率，实行 3% ～ 5% 的幅度税率，具体税率由各省、自治区、直辖市人民政府在幅度税率规定范围内，按照本地区的实际情况确定。契税应纳税额按下式计算：

$$契税应纳税额 = 计税依据 × 适用税率$$

契税在计算时，关键是要确定计税依据，不同的土地、房屋权属转移形式或定价方法，会有不同的计税依据，见表 8-7。

表 8-7　不同情形下的计税依据

情　形	计税依据
国有土地使用权出让	成交价格，指土地、房屋权属转移合同确定的价格，包括承受者应交付的货币、实物、无形资产或其他经济利益，不含增值税
土地使用权出售	
房屋买卖	
土地使用权、房屋等赠予	由征收机关参照土地使用权出售、房屋买卖的市场价格核定
土地使用权、房屋等交换	交换土地使用权、房屋的价格差额，支付差额的一方为纳税义务人
以划拨方式取得土地使用权，经批准转让房地产时应补缴的契税	补交的土地使用权出让费用或土地收益

契税的纳税义务发生时间是纳税人签订土地、房屋权属转移合同的当天，或纳税人取得其他具有土地、房屋权属转移合同性质凭证的当天。契税实行属地征收管理，即纳税义务发生时，纳税人向土地、房屋所在地的税务机关申报纳税。纳税人应从纳税义务发生之日起 10 日内进行纳税申报，并在税收征收机关核定的期限内缴纳税款。

8.3.2　占用土地需区分城镇土地使用税和耕地占用税

当企业占用土地开展经营活动时，需要缴纳相应的税费，而且还要区分占用的土地性质。

纳税人占用国家城市、县城、建制镇和工矿区范围内的土地开展经营活动的，需要按规定缴纳城镇土地使用税；占用我国境内耕地建房或从事非农业建设的，需要按规定缴纳耕地占用税。

这里有一点需要特别注意，为了避免对同一块土地同时征收城镇土地使用税和耕地占用税，相关税收政策规定，凡是缴纳了耕地占用税的，从批准征用之日起满一年后才征收城镇土地使用税；但如果征用的是非耕地，因为不需要缴纳耕地占用税，所以要从批准征用的次月起开始征收城镇土地使用税。

（1）城镇土地使用税的征收管理

城镇土地使用税采用定额税率，按大、中、小城市和县城、建制镇、工矿区分别规定每平方米年应纳税额：大城市 1.5 ～ 30 元；中等城市 1.2 ～ 24 元；小城市 0.9 ～ 18 元；县城、建制镇、工矿区 0.6 ～ 12 元。由此可见城镇土地使用税实行幅度税额，纳税人具体适用税额由各省、自治区、直辖市人民政府在前述规定的税额幅度内，根据市政建设情况和经济繁荣程度等确定。该税种的应纳税额计算公式如下：

城镇土地使用税年应纳税额 = 实际占用应税土地面积（平方米）× 适用税额

城镇土地使用税的纳税义务发生时间也会因为不同情况而不同，见表 8-8。

表 8-8 不同情形下的城镇土地使用税纳税义务发生时间

情 形	纳税义务发生时间
纳税人购置新建商品房	自房屋交付使用的次月起缴纳
纳税人购置存量房	自办理房屋权属转移、变更登记手续，房地产权属登记机关签发房屋权属证书的次月起缴纳
纳税人出租、出借房产	自交付出租、出借房产的次月起缴纳
以出让或转让方式有偿取得土地使用权的	由受让方从合同约定交付土地时间的次月起缴纳；合同未约定交付土地时间的，由受让方从合同签订的次月起缴纳

情　　形	纳税义务发生时间
纳税人新征用耕地的	从批准征用之日起满一年时开始缴纳
纳税人新征用非耕地	从批准征用次月起缴纳

城镇土地使用税在土地所在地缴纳，使用的土地不属于同一省、自治区、直辖市管辖的，由纳税人分别向土地所在地税务机关缴纳；在同一省、自治区、直辖市管辖范围内，纳税人跨地区使用的土地，纳税地点由各省、自治区、直辖市税务局确定。

城镇土地使用税按年计算、分期缴纳，具体纳税期限由各省、自治区、直辖市人民政府确定。

（2）耕地占用税的征收管理

耕地占用税也实行定额税率，根据不同地区的人均耕地面积和经济发展情况实行有地区差别的幅度税额标准，具体如下：

◆ 人均耕地不超过 1 亩的地区（以县级行政区为单位，下同）：10 ~ 50 元 / 米^2。

◆ 人均耕地超过 1 亩但不超过 2 亩的地区：8 ~ 40 元 / 米^2。

◆ 人均耕地超过 2 亩但不超过 3 亩的地区：6 ~ 30 元 / 米^2。

◆ 人均耕地超过 3 亩的地区：5 ~ 25 元 / 米^2。

耕地占用税以纳税人实际占用的耕地面积为计税依据，按照规定的适用税额一次性征收。该税种的应纳税额计算公式如下：

$$耕地占用税应纳税额 = 实际占用耕地面积（米^2） \times 适用税额$$

耕地占用税的纳税义务发生时间为纳税人收到土地管理部门农用地专用批复文件当天，因此纳税人需要在收到批复文件之日起 30 日内申报缴纳税款。

占用耕地或其他农用地的，纳税人应在耕地或其他农用地所在地申报纳税。

8.3.3 房地产开发企业需要处理的土地增值税

土地增值税是对转让国有土地使用权、地上建筑物及其附着物并取得收入的单位和个人，就其转让房地产所取得的增值额征收的一种税。这里需要明确的是，土地增值税只对转让国有土地使用权的行为征税，对出让国有土地的行为不征税。"转让"一般指群众之间转让，"出让"指国家出让给群众。

我国土地增值税的核算与处理比较复杂，计税依据从含义就可以知道是"增值额"，而采用的税率为四级超率累进税率，见表8-9。

表8-9　土地增值税的计税与税率

级　数	增值额与扣除项目金额的比率	税率（%）	速算扣除系数（%）
1	不超过50%的部分	30	0
2	超过50%至100%的部分	40	5
3	超过100%至200%的部分	50	15
4	超过200%的部分	60	35

注意，这里的速算扣除系数是百分比，与个人所得税税率表中的速算扣除数是两个完全不同的概念。

在计算土地增值税当期应纳税额时，有两种方法可供使用，一种是分步计算法，计算公式如下：

$$应纳税额 = \Sigma（每级距的增值额 \times 适用税率）$$

另一种是速算扣除法，计算公式会因为增值额与扣除项目金额之比所处的级数不同而不同，但都大同小异，见表8-10。

表 8-10　速算扣除法计算公式

情　　况	计算公式
增值额未超过扣除项目金额 50%	土地增值税应纳税额 = 增值额 ×30%
增值额超过扣除项目金额 50%，未超过 100%	土地增值税应纳税额 = 增值额 ×40%- 扣除项目金额 ×5%
增值额超过扣除项目金额 100%，未超过 200%	土地增值税应纳税额 = 增值额 ×50%- 扣除项目金额 ×15%
增值额超过扣除项目金额 200%	土地增值税应纳税额 = 增值额 ×60%- 扣除项目金额 ×35%

在土地增值税的核算过程中，确定土地增值税的扣除项目及其金额是非常关键的，主要包括 5 个项目，见表 8-11。

表 8-11　土地增值税的扣除项目及说明

扣除项目	说　　明
取得土地使用权支付的金额	包括两方面，一是地价款，二是有关费用和税金。如果是以协议、招标、拍卖等出让方式取得土地使用权，地价款 = 纳税人支付的土地出让金；如果以行政划拨方式取得土地使用权，地价款 = 按国家有关规定补交的土地出让金；如果以转让方式取得土地使用权，地价款 = 向原土地使用权人实际支付的地价款。有关费用和税金指纳税人在取得土地使用权过程中为了办理有关手续而必须按国家统一规定缴纳的有关登记、过户手续费和契税
房地产开发成本	主要包括 6 个项目：土地征用及拆迁补偿费、前期工程费、建筑安装工程费、基础设施费、公共配套设施费和开发间接费用
房地产开发费用	包括与房地产开发项目有关的销售费用、管理费用和财务费用。其中，财务费用中的利息支出，凡是能够按转让房地产项目计算分摊并提供金融机构证明的，允许据实扣除，但最高不能超过按商业银行同类同期贷款利率计算的金额；其他房地产开发费用按规定计算的金额之和（取得土地使用权支付的金额 + 房地产开发成本，下同）的 5% 以内计算扣除。如果利息支出不能按转让房地产项目计算分摊或不能提供金融机构证明，则房地产开发费用按规定计算金额之和的 10% 以内计算扣除

续表

扣除项目	说　　明
与转让房地产有关的税金	指转让房地产时缴纳的城市维护建设税、印花税和教育费附加等。《土地增值税暂行条例》规定的土地增值税扣除项目涉及的增值税进项税额，允许在销项税额中计算抵扣的不计入土地增值税的扣除项目；不允许在销项税额中计算抵扣的可计入土地增值税的扣除项目
财政部确定的其他扣除项目	对从事房地产开发的纳税人可按规定计算的金额之和，加计20%的扣除

📎 知识贴士 房地产开发费用的计算

在表 8-11 中提及的房地产开发费用有两种情况需区分计算，当利息支出可据实扣除时，使用如下计算公式：

允许扣除的房地产开发费用 = 利息 +（取得土地使用权支付的金额 + 房地产开发成本）× 5%

当利息支出不能计算分摊或不能提供金融机构证明的，计算公式如下。

允许扣除的房地产开发费用 =（取得土地使用权支付的金额 + 房地产开发成本）× 10%

土地增值税的纳税义务发生时间一般是转让房地产合同签订当天，所以纳税人应在转让房地产合同签订后 7 日内，到房地产所在地主管税务机关办理纳税申报，并向税务机关提交房屋及建筑物产权、土地使用权证书、土地转让、房产买卖合同、房地产评估报告及其他与转让房地产有关的资料，然后在税务机关规定的期限内缴纳税款。

纳税人因经常发生房地产转让而难以在每次转让后申报纳税的，经主管税务机关审核同意后，可按月或按季定期进行纳税申报，具体期限由主管税务机关根据情况确定。

纳税人采取预售方式销售房地产的，税务机关可对纳税人在项目全部竣工结算前转让房地产取得的收入预征土地增值税，此时纳税人应到主管税务机关办理纳税申报，并按规定比例预缴,待办理完纳税清算后多退少补。具体办法由各省、自治区、直辖市税务局根据当地情况确定。

📎 **知识贴士** 什么是土地增值税纳税清算

土地增值税纳税清算是指纳税人在符合土地增值税清算条件后，依照税收法律、法规及土地增值税有关政策规定，计算房地产开发项目应缴纳的土地增值税税额，结清房地产项目应缴纳土地增值税税款的行为。类似于企业所得税和个人所得税的汇算清缴。

8.3.4 车辆购置税与车船使用税的处理

车辆购置税和车船使用税均与车辆有关，车船税还与应税船只有关。

（1）车辆购置税的征收管理

车辆购置税是对在中国境内购置规定车辆的单位和个人征收的一种税，这里的"规定车辆"就是车辆购置税的征税范围，包括汽车、有轨电车、汽车挂车、排气量超过 150 毫升的摩托车。

车辆购置税采用 10% 的固定比例税率，其应纳税额的计算公式如下：

$$车辆购置税应纳税额 = 计税依据 \times 税率$$

$$进口应税车辆应纳税额 = （关税完税价格 + 关税 + 消费税） \times 税率$$

上述计算公式中,计税依据的确定是关键。纳税人购买自用的应税车辆，计税依据为购买车辆时支付给销售者的全部价款和价外费用（如销售方向购买方收取的违约金、手续费、包装费、储存费、运输装卸费、报关费等），不包括增值税税款。纳税人自产、受赠、获奖或以其他方式取得并自用的应税车辆，计税依据由主管税务机关参照国家税务总局规定的最低计税价格核定。

如果纳税人购买自用或进口自用的应税车辆的申报计税价格低于同类型应税车辆的最低计税价格，且无正当理由的，计税价格为国家税务总局核定的最低计税价格。如果是国家税务总局没有核定最低计税价格的车辆，计税价格为纳税人提供的有效价格证明注明的价格；有效价格证明注明的价格明显偏低的，主管税务机关有权核定应税车辆的计税价格。

车辆购置税实行一次征收，税款一次缴清。车辆购置税的纳税义务发生时间为购买车辆当天、进口车辆当天或取得车辆当天，所以，纳税人购买自用应税车辆的，应从购买之日起60日内向车辆登记注册地的主管税务机关申报纳税；进口自用应税车辆的，应从进口之日起60日内申报纳税；自产、受赠、获奖或以其他方式取得并自用应税车辆的，应从取得之日起60日内申报纳税。如果购置的是不需要办理车辆登记注册手续的应税车辆，则应向纳税人所在地的主管税务机关申报纳税。

（2）车船税的征收管理

车船税是针对在中国境内车船管理部门登记的车辆、船舶依法征收的一种税。该税种的税目税率见表8-12。

表8-12　车船税的税目税率

税　　目		计税单位	年基准税额（元）	备　注
乘用车 [按发动机气缸容量（排气量）分档]	1.0升（含）以下的	每辆	60 ～ 360	核定载客人数9人（含）以下
	1.0升以上至1.6升（含）的		300 ～ 540	
	1.6升以上至2.0升（含）的		360 ～ 660	
	2.0升以上至2.5升（含）的		660 ～ 1 200	
	2.5升以上至3.0升（含）的		1 200 ～ 2 400	
	3.0升以上至4.0升（含）的		2 400 ～ 3 600	
	4.0升以上的		3 600 ～ 5 400	

税 目		计税单位	年基准税额（元）	备 注
商用车	客车	每辆	480 ~ 1 440	—
	货车	整备质量每吨	16 ~ 120	—
其他车辆	专用作业车	整备质量每吨	16 ~ 120	不包括拖拉机
	轮式专用机械车	整备质量每吨	16 ~ 120	
摩托车	—	每辆	36 ~ 180	—
船舶	机动船舶	净吨位每吨	3 ~ 6	—
	游艇	艇身长度每米	600 ~ 2 000	

📎 **知识贴士** 车船税的某些应税项目的说明

表8-12中，"客车"指核定载客人数9人以上（包括电车）的车辆；"货车"包括半挂牵引车、挂车、三轮汽车和低速载货汽车等。

不同应税项目需根据各自的适用年基准税额和计税单位计算缴纳车船税，相关计算公式如下：

乘用车、客车和摩托车的应纳税额 = 辆数 × 适用年基准税额

货车、专用作业车和轮式专用机械车的应纳税额 = 整备质量吨位数 × 适用年基准税额

挂车的应纳税额 = 整备质量吨位数 × 适用年基准税额 ×50%

机动船舶的应纳税额 = 净吨位数 × 适用年基准税额

拖船和非机动驳船的应纳税额 = 净吨位数 × 适用年基准税额 ×50%

游艇的应纳税额 = 艇身长度 × 适用年基准税额

车船税的纳税义务发生时间为取得车船所有权或管理权的当天，具体以购买车船的发票或其他证明文件所在日期的当月为准。车船税一般在车

船的登记地或车船税扣缴义务人所在地税务机关申报纳税；依法不需要办理登记的车船，车船税在车船的所有人或管理人所在地申报纳税。

车船税按年申报、分月计算、一次性缴纳，纳税年度为公历1月1日～12月31日，具体纳税期限由省、自治区、直辖市人民政府规定。

8.3.5 签订交易合同需缴纳印花税

印花税是对经济活动和经济交往中书立、领受、使用的应税经济凭证征收的一种税。需要缴纳印花税的应税经济凭证中有些又有细分的应税税目，不同的应税税目对应不同的印花税税率，具体税率规定参考《中华人民共和国印花税法》执行，这里不作详述。

印花税的计税依据也会因为应税税目的不同而不同，具体内容也可直接参考"印花税税目税率表"。不同的税目在核算印花税应纳税额时计算公式不同，主要公式如下：

应税合同的印花税应纳税额＝价款或报酬 × 适用税率

应税产权转移书据的印花税应纳税额＝价款 × 适用税率

应税营业账簿的印花税应纳税额＝实收资本（或股本）与资本公积

合计金额 × 适用税率

证券交易的印花税应纳税额＝成交金额或依法确定的计税依据 × 适用税率

印花税的纳税义务发生时间为纳税人订立、领受应税凭证或完成证券交易的当天。如果合同是在国外签订，且不便在国外贴花的，纳税义务发生时间为合同带入境的当天。

印花税的纳税地点为纳税人机构所在地主管税务机关，个人纳税人为应税凭证订立、领受地或居住地的主管税务机关。

印花税按季、按年或按次计征。实行按季或按年计征的，纳税人应在季度或年度终了之日起15日内申报并缴纳税款；实行按次计征的，纳税人应在纳税义务发生之日起 15 日内申报并缴纳税款。注意，证券交易的印花税按周解缴，扣缴义务人（即证券登记结算机构）应在每周终了之日起 5 日内申报解缴税款和孳息。

8.3.6 其他特殊税种的涉税处理

除了前述提及的增值税、消费税、关税、城市维护建设税、教育费附加、地方教育附加、企业所得税、个人所得税、房产税、契税、城镇土地使用税、耕地占用税、土地增值税、车辆购置税、车船税和印花税外，我国现行的税种还有环保税、烟叶税、船舶吨税和资源税。这些特殊的税种只在一些特殊行业企业的税务中涉及，因此这里只做简单介绍。

（1）环保税的征收管理

环保税即环境保护税，是在中华人民共和国领域和中华人民共和国管辖的其他海域直接向环境排放应税污染物的企事业单位和其他生产经营者征收的一种税。按照规定征收环境保护税的，不再征收排污费。

应税污染物的具体内容以及环保税的税目税率等，均可通过查阅《中华人民共和国环境保护税法》所附的"环境保护税税目税额表"和"应税污染物和当量值表"明确。

不同类别的应税污染物，计税依据和环保税应纳税额计算公式如下：

①应税大气污染物和应税水污染物均以污染物排放量折合的污染当量数为计税依据。

$$环保税应纳税额 = 污染当量数 \times 具体适用税额$$

②应税固体废物以固体废物的排放量为计税依据。

$$环保税应纳税额 = 固体废物排放量 \times 具体适用税额$$

③应税噪声以超过国家规定标准的分贝数为计税依据。

环保税应纳税额＝超过国家规定标准的分贝数对应的具体适用税额

环保税的纳税义务发生时间为纳税人排放应税污染物的当天。纳税地点为应税污染物排放地的主管税务机关。

环保税按月计算、按季申报缴纳。不能按固定期限计算纳税的，可按次申报缴纳。按季申报缴纳的，应在季度终了之日起 15 日内申报纳税；按次申报缴纳的，应在纳税义务发生之日起 15 日内申报纳税。

（2）烟叶税

烟叶税是向收购烟叶的单位征收的一种税。我国实行烟草专卖制度，因此烟叶税的纳税人具有特定性，一般是有权收购烟叶的烟草公司或受其委托收购烟叶的单位。

烟叶税的征税范围包括晾晒烟叶和烤烟叶。该税种实行 20% 固定比例税率，计税依据就是纳税人收购烟叶实际支付的价款总额，包括纳税人支付给烟叶生产销售单位或个人的烟叶收购价款和价外补贴（统一按烟叶收购价款的 10% 计算）。烟叶税应纳税额计算公式如下：

烟叶税应纳税额＝收购价款 ×（1+10%）× 20%

烟叶税的纳税义务发生时间为纳税人收购烟叶的当天，实务中指纳税人向烟叶销售者付讫收购烟叶款项或开具收购烟叶凭证的当天。纳税地点为烟叶收购地主管税务机关。

烟叶税按月计征，所以纳税人应在纳税义务发生月终了之日起 15 日内申报纳税，具体纳税期限由主管税务机关核定。

（3）船舶吨税

船舶吨税是对自中国境外港口进入境内港口的船舶征收的一种税，主要的税目税率参考《中华人民共和国船舶吨税法》所附的"吨税税目税率表"

执行。

船舶吨税以船舶净吨位为计税依据，应纳税额的计算公式如下：

$$船舶吨税应纳税额 = 应税船舶净吨位 \times 适用税率$$

船舶吨税的纳税义务发生时间为应税船舶进入境内港口的当天，主要由海关负责征收。应税船舶负责人应在海关填发吨税缴款凭证之日起 15 日内向海关申报纳税，并缴清税款。

（4）资源税

资源税是对在中国境内从事应税矿产品开采或生产盐的单位和个人征收的一种税。该税种的应税税目和税率参考《中华人民共和国资源税法》所附的"资源税税目税率表"执行。

资源税的应纳税额要区分三种情形进行计算，公式如下：

①实行从价定率计征办法。

$$资源税应纳税额 = 应税产品的销售额 \times 适用的比例税率$$

②实行从量定额计征办法。

$$资源税应纳税额 = 应税产品的销售数量 \times 适用的定额税率$$

③扣缴义务人代扣代缴资源税。

$$代扣代缴的资源税应纳税额 = 收购未税矿产品的数量 \times 适用的定额税率$$

资源税的纳税义务发生时间会因为经济业务情形不同而不同，采取分期收款结算方式销售应税资源品目的，为销售合同规定的收款日期当天；采取预收货款结算方式销售应税资源品目的，为发出应税产品当天；采取其他结算方式销售应税资源品目的，为收讫销售款或取得索取销售款凭据的当天；自产自用应税资源品目的，为移送使用应税产品的当天；扣缴义务人代扣代缴的，为支付首笔货款或开具应支付货款凭据的当天。

资源税的纳税地点为应税产品的开采地或生产所在地主管税务机关。该税种的纳税期限有固定期限和按次计征两种，固定期限分别为1日、3日、5日、10日、15日或1个月，具体纳税期限由主管税务机关根据实际情况核定。

纳税人以一个月为一个纳税期的，从期满之日起10日内申报纳税；以1日、3日、5日、10日或15日为一个纳税期的，从期满之日起5日内预缴税款，并在次月1日起10日内申报纳税并结清上月税款。

实务答疑

问：发票领购簿是什么?

答：发票领购簿是增值税纳税人向税务机关办理领购发票手续的凭证，记录发票的使用、领购、缴销和挂失等情况，也是纳税人税种核定的依据。

问：是不是所有的税种都能进行网上纳税申报?

答：目前，我国企业可能涉及的所有税种的纳税申报都可以网上进行。登录企业或单位所在地的税务局官网，找到纳税申报入口，按照页面提示即可快速进行各税种的纳税申报工作，并快捷缴纳税款。

问：超过规定纳税时间缴纳税款的会怎么样?

答：通常，如果纳税人在规定的纳税时间内没有缴纳相应的税款，主管税务机关会催缴，并向纳税人加收相应的税款滞纳金。如果纳税人被发现是故意偷税、逃税，还会要求其支付一定的罚款。所以，企业办税人员要牢记各税种的纳税时间和期限，尽可能地保证按时缴纳税款。

问：如何从发票的开具出发规避纳税风险?

答：①纳税人开具发票应按照规定时限、顺序、逐栏、全部联次一次性如实开具，并加盖单位发票专用章；②使用计算机开具发票的，必须经有关机关批准并使用国税机关统一监制的机外发票；③领购的发票仅在本市（县）范围内使用，如果跨市发生经济业务，应使用经营地发票；④开具发票的单位和个人的税务登记内容发生变化的，应办理发票和发票领购簿变更手续，注销税务登记前应缴销发票领购簿和未使用发票；⑤开具发票时不能接受购买方提出的变更品名和金额的要求；⑥对于不符合规定的发票要坚决拒收；⑦发票要在有效期内使用，过期发票应及时作废。

第 9 章

掌握切实有效的方法为公司税务筹划

从众多公司的实际经营情况来看，只要产品或商品在流通过程中有增值就需要缴纳增值税；企业经营获利需要缴纳企业所得，且所缴税款一般都是净利润的 1/4……为了给新公司减轻税负，帮助其快速发展，会计人员需要掌握一些科学、合理且行之有效的税务筹划。

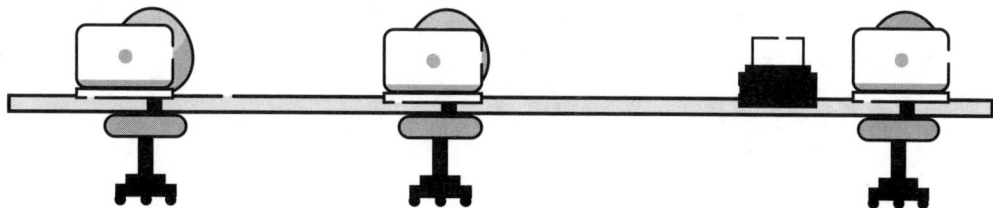

9.1 增值税的税务筹划

增值税是我国最主要的税种之一，增值税的收入占全部税收的 60% 以上，是最大的税种。因此，增值税的税务筹划空间比较大。

9.1.1 选择纳税人身份进行税务筹划

由于纳税人身份一经确定，就不能随意更改，甚至无法更改，因此选择纳税人身份进行税务筹划主要适用于刚成立的企业。

新成立的公司都需要认定纳税人身份，主要有两种，一是增值税一般纳税人，二是增值税小规模纳税人。这两种纳税人身份对应的增值税税率是不同的（具体可参考本书第 8 章 8.1.1 节的内容），因此给通过纳税人身份进行税务筹划提供了条件。

①如果公司的大多数供应商在交易过程中都能向公司开具增值税专用发票，此时公司应该怎么选择纳税人身份呢？

这种情况下，说明公司在采购环节发生的增值税均可确认为可从当期销项税额中抵扣的进项税额。下面通过案例来分析公司选择哪一种纳税人身份可以达到税务筹划目的。

实务案例 可以收到增值税进项发票时怎么选择纳税人身份

甲公司是一家刚成立的企业，假设合作供应商大都能开具增值税专用发票。如果公司当月采购原材料价值 15.24 万元（不含税），收到的发票注明税率为 13%，当月销售额共 30.52 万元（不含税）。不考虑其他税收优惠政策和收入未达标免缴增值税的情况。

如果甲公司选择认定为一般纳税人，则

当月增值税应纳税额 =305 200.00×13%-152 400.00×13%=19 864.00（元）

如果公司选择认定为小规模纳税人，则

当月增值税应纳税额 =305 200.00×3%=9 156.00（元）

由此可见，此时甲公司选择认定为小规模纳税人相比认定为一般纳税人可以起到税务筹划的目的。

从案例计算过程可知，选择认定为小规模纳税人，还是认定为一般纳税人可以税务筹划，还与公司当期的销售额与采购金额的大小有关。在不考虑税收优惠政策的情况下，假设当月不含税采购款共 x 元，不含税销售额共 y 元，认定为一般纳税人时，增值税应纳税额 =13%（$y-x$）；认定为小规模纳税人时，增值税应纳税额 =3%y，当 13%（$y-x$）< 3%y，即 y < 1.3x 时，选择认定为一般纳税人可以少缴纳税款；反之，y > 1.3x 时选择认定为小规模纳税人可少缴纳税款。用该方法验证上述案例，y=30.52 万元，x=15.24 万元，y > 1.3x，选择认定为小规模纳税人可税务筹划。当一般纳税人适用税率不为 13% 时，这一比例关系又会不同。

②如果公司的大多数供应商在交易过程中都不能向公司开具增值税专用发票，此时公司又该怎么选择纳税人身份呢？

这种情况下，说明公司在采购环节发生的增值税不能进行抵扣，下面也通过具体的案例分析纳税人身份的选择。

实务案例 不能抵扣进项税额时怎么选择纳税人身份

假设甲公司的合作供应商们都只能开具增值税普通发票。如果公司当月采购原材料价值 15.24 万元（不含税），收到的发票注明税率为 3%，当月销售额共 30.52 万元（不含税）。不考虑其他税收优惠政策和收入未达标免缴增值税的情况。

如果甲公司选择认定为一般纳税人，则

当月增值税应纳税额 =305 200.00×13%=39 676.00（元）

如果甲公司选择认定为小规模纳税人，则

当月增值税应纳税额 =305 200.00×3%=9 156.00（元）

此时，也表现为选择认定为小规模纳税人可以达到税务筹划目的。

在公司无法收到增值税专用发票的情形下，不论自身选择认定为小规模纳税人还是一般纳税人，进项税额都不能抵扣，而此时选择认定为一般纳税人的，销售额需要按照13%、9%或6%等税率计缴增值税，小规模纳税人则只需按3%的征收率计缴增值税。销售额相同，因此不论采购款与销售额的大小关系，这种情形下公司选择认定为小规模纳税人可税务筹划。

当然，如果小规模纳税人满足一定的免缴增值税条件，比如月收入不超过15.00万元，此时也是不论采购款与销售额的大小关系，选择认定为小规模纳税人能税务筹划；但如果一般纳税人符合适用0%税率的，此时可以选择认定为一般纳税人可以税务筹划。

9.1.2 选择合适的经营范围适用低税率

经营范围是一家公司在最初进行工商登记时就需要明确的内容，在进行增值税筹划时经营范围是一个考虑因素。

按照我国现行《中华人民共和国增值税暂行条例》的规定，不同的经营范围适用不同档次的增值税税率。

（1）销售服务，适用增值税税率有9%和6%

这里的"服务"包括交通运输服务、邮政服务、电信服务、建筑服务、金融服务、现代服务和生活服务。交通运输服务包括陆路运输服务、水路运输服务、航空运输服务和管道运输服务，税率为9%，如通过陆路运送货物或旅客的运输业务活动、通过江河湖川等天然或人工水道等运送货物或旅客的运输业务活动、通过空中航线运送货物或旅客的运输业务活动，以及通过管道设施输送气体、液体和固体物质的运输业务活动等。

邮政服务包括邮政普通服务、邮政特殊服务和其他邮政服务，税率为9%，邮政普通服务如函件、包裹等邮件寄递以及邮票、报刊发行；邮政特殊服务如义务兵平常信函、机要通信和盲人读物寄递业务活动；其他邮政服务如邮册等邮品销售、邮政代理业务活动。

电信服务包括基础电信服务和增值电信服务，其中基础电信服务税率为9%，增值电信服务税率为6%。基础电信服务如利用固网、移动网、卫星和互联网提供语音通话服务、出租或出售带宽、波长等网络元素；增值电信服务如利用固网、移动网、卫星、互联网、有线电视网络等提供短信和彩信服务、电子数据和信息传输及应用服务等。

建筑服务包括工程服务、安装服务、修缮服务、装饰服务和其他建筑服务，税率为9%。工程服务主要是新建、改建各种建筑物、构筑物的工程作业；安装服务主要是生产设备、动力设备以及其他各种设备、设施的装配、安置工程作业；修缮服务主要是对建筑物、构筑物进行修补、加固、养护、改善使之恢复原来的使用价值或延长其使用期限的工程作业；装饰服务主要是对建筑物、构筑物进行修饰装修使之美观或具有特定用途的工程作业；其他建筑服务如钻井、拆除建筑物或构筑物、平整土地、园林绿化和疏浚等。

金融服务包括贷款服务、直接收费金融服务、保险服务和金融商品转让，适用税率均为6%。贷款服务就是将资金贷给他人使用而取得利息收入的业务活动；直接收费金融服务包括提供货币兑换、账户管理、电子银行、信用卡、信用证、财务担保和资产管理等服务；保险服务包括人身保险服务和财产保险服务；金融商品转让就是转让外汇、有价证券、非货物期货、基金、信托和理财产品等所有权的业务活动。

现代服务包括研发和技术服务、信息技术服务、文化创意服务、物流辅助服务、租赁服务、鉴证咨询服务、广播影视服务、商务辅助服务和其他现代服务，税率一般为 6%。研发和技术服务包括研发服务、合同能源管理服务、专业技术服务等；信息技术服务包括软件服务、电路设计及测试服务、信息系统服务和业务流程管理服务等；文化创意服务包括设计服务、知识产权服务、广告服务和会议展览服务；物流辅助服务包括航空服务、港口码头服务、打捞救助服务、装卸搬运服务、仓储服务、收派服务等；租赁服务包括融资租赁服务和经营租赁服务，其中有形动产租赁服务税率为 13%，不动产租赁服务税率为 9%；鉴证咨询服务包括认证服务、翻译服务、市场调查服务等；广播影视服务包括广播影视节目或作品的制作服务、发行服务和播映放映服务；商务辅助服务包括企业管理服务、经纪代理服务、人力资源服务等；其他现代服务是除前述现代服务外的现代服务。

生活服务包括文化体育服务、教育医疗服务、旅游娱乐服务、餐饮住宿服务、居民日常服务和其他生活服务。其中居民日常服务包括市容市政管理、家政、婚庆、养老、殡葬、美容美发、按摩、桑拿、氧吧、足疗、洗染、摄影扩印等服务。其他生活服务是除前述生活服务外的生活服务。

（2）销售无形资产，适用增值税税率为 6%

销售无形资产包括销售技术、商标、著作权、自然资源使用权和其他权益性无形资产。其中自然资源使用权包括土地使用权、海域使用权、探矿权、采矿权和取水权等；权益性无形资产包括基础设施资产经营权、公共事业特许权、经营权、经销权、分销权、代理权、冠名权等。

（3）销售不动产，适用增值税税率 9%

销售不动产指转让不动产所有权的业务活动，包括建筑物、构筑物等，如住宅、商业营业用房、办公楼等建筑物，以及道路、桥梁、隧道和水坝等构筑物。

（4）跨境销售国务院规定范围内的服务或无形资产，适用税率为 0

这一类别的经营范围包括国际运输服务、航天运输服务以及向境外单位提供的完全在境外消费的研发服务、设计服务、合同能源管理服务和广播影视节目的制作和发行服务等。

9.2 企业所得税的税务筹划

企业所得税也是我国一个重要税种，只要企业或部分事业单位开展生产经营活动有盈利，就需要按规定的税率缴纳企业所得税税款。为了促进我国企业发展，允许纳税人在合法、合理的情况下税务筹划。

9.2.1 利用折扣方式

在本书第 4 章的 4.3.4 和 4.3.5 节的内容中介绍了销售业务涉及的商业折扣和现金折扣。其中，商业折扣发生时，要以原售价减去折扣金额后的余额作为收入金额，进而在期末核算应缴纳的企业所得税。由此可见，涉及商业折扣的销售活动存在税务筹划的可能。

利用商业折扣进行增值税税务筹划时，开具增值税专用发票的办税人员需要将折扣额和销售额填写在同一张发票上。下面就通过案例来看看发生商业折扣和不涉及商业折扣的企业所得税应纳税额的对比。

实务案例 将商业折扣金额与销售额记录在同一张发票上

20×3 年 4 月 16 日，某公司向客户销售了一批产品，不含税售价共20.86 万元。根据双方签订的购销合同约定，购满 18.00 万元的产品就可享受 5% 的商业折扣。相关会计人员在售出产品时向客户开具了增值税专用发票，并将销售额和折扣金额记录在同一张发票上。已知该批产品实际成本为 14.24 万元，款项尚未收到，公司为增值税一般纳税人，适用税率为 13%，不考虑其他纳税调整事项。

收入金额 =208 600.00×（1-5%）=198 170.00（元）

销项税额 =198 170.00×13%=25 762.10（元）

借：应收账款——××公司   223 932.10

     贷：主营业务收入   198 170.00

        应交税费——应交增值税（销项税额）   25 762.10

借：主营业务成本   142 400.00

     贷：库存商品   142 400.00

假设该公司当月只针对这一笔经济业务核算利润，则

利润总额 =198 170.00-142 400.00=55 770.00（元）

企业所得税应纳税额 =55 770.00×25%=13 942.50（元）

如果没有发生商业折扣，则需要按照原售价 20.86 万元确认收入。

利润总额 =208 600.00-142 400.00=66 200.00（元）

企业所得税应纳税额 =66 200.00×25%=16 550.00（元）

对比即可发现，发生商业折扣且折扣金额与销售额记录在同一张发票上的情况，可以使企业少缴纳企业所得税。

需要注意的是，实务中不会只对某一项经济业务计算企业所得税应纳税额，而是按期（每月、每季或每年）计算营业收入总额和营业成本总额，再加上营业外收支净额，得出利润总额后计缴企业所得税。特殊情况下还存在纳税调整事项，使得利润表的利润总额不再是税法上的计税基础。

9.2.2　利用加计扣除规定

企业所得税的加计扣除规定实际上是企业所得税税收优惠的一种类型。

根据相关税收政策的规定，主要有两项支出可以在计算应纳税所得额时加计扣除，一是研究开发费用，二是安置残疾人员及国家鼓励安置的其他就业人员所支付的工资。

● 研究开发费用的加计扣除

研究开发费用的加计扣除指企业为开发新技术、新产品、新工艺发生的研究开发费用。未形成无形资产而需要计入当期损益的，在按照规定据实扣除的基础上，按照研究开发费用的50%加计扣除；形成无形资产的，按照无形资产成本的150%摊销。

比如，企业当期发生的研究开发费用为20.00万元，在不加计扣除的情况下利润总额为50.00万元，企业所得税应纳税额为12.50万元（50.00×25%）如果加计扣除，就需要从应纳税所得额中多扣除10.00万元（20.00×50%），从而导致利润总额减少10.00万元，即为40.00万元，企业所得税应纳税额为10.00万元（40.00×25%），少缴纳2.50万元税款。

注意，烟草制造业、住宿和餐饮业、批发和零售业、房地产业、租赁和商务服务业、娱乐业以及财政部和国家税务总局规定的其他行业等，不适用税前加计扣除政策。

● 安置残疾人员及国家鼓励安置的其他就业人员支付的工资加计扣除

企业安置残疾人员所支付的工资的加计扣除，指企业安置残疾人员的，在按照支付给残疾职工工资据实扣除的基础上，按照支付给残疾职工工资的100%加计扣除。企业安置国家鼓励安置的其他就业人员所支付的工资的加计扣除办法，由国务院另行规定。

比如，企业当期因安置残疾人员所支付工资共23.00万元，在不加计扣除的情况下利润总额为60.00万元，企业所得税应纳税额为15万元（60.00×25%），如果加计扣除，就需要从应纳税所得额中多扣除23.00万元（23.00×100%），从而导致利润总额减少23.00万元，即为37.00万元，企业所得税应纳税额为 9.25 万元（37.00×25%），少缴纳 5.75 万元税款。

9.2.3 改变资产折旧年限

在本书第 5 章 5.1.5 节中介绍了固定资产的折旧方法和相关账务处理，那么，固定资产折旧如何影响企业的税务呢？

由于固定资产的折旧额会根据固定资产的用途分别计入相应的期间费用和成本中，而期间费用和成本最终会影响当期利润的核算，因此固定资产的折旧会间接影响企业的当期利润，进而影响企业所得税的计缴。下面通过一个案例来分析了解。

实务案例 缩短生产设备的折旧年限

某公司是一家生产性企业，适用企业所得税为 25%。已知某台生产设备常年处于强震动状态，且已经使用了 4 年，原价为 15.80 万元，采用年限平均法计提折旧，净残值为 0.80 万元，预计使用寿命为 10 年，已计提累计折旧额为 6.00 万元。根据相关规定，这一台生产设备满足加速折旧的条件，于是公司决定在未来两年内按照年限平均法将剩余价值全部计提折旧。

未来两年每年计提折旧额 =（15.80-0.80-6.00）÷2=4.50（万元）

假设未来 6 年每年的利润总额均为 88.24 万元，应缴纳企业所得税为 22.06 万元（88.24×25%），不考虑其他纳税调整事项。在不改变原本的折旧年限时，该生产设备每年计提折旧额为 1.50 万元（15.00÷10），将剩余 6 年折旧年限缩短为两年后，这两年每年需多计提 3.00 万元的折旧额（4.50-1.50），也就是说在计算利润时需多扣除 3.00 万元的制造费用，进一步体现为多扣除 3.00 万元成本，从而使利润总额减少 3.00 万元，即变为 85.24 万元（88.24-3.00），此时企业所得税应纳税额为 21.31 万元（85.24×25%），比正常计提折旧时少缴纳 0.75 万元（22.06-21.31）。

两年过后，在剩余的 4 年里，由于该生产设备不再计提折旧，与原来的正常折旧相比，每年就会少计提 1.50 万元的折旧额，也就是说在计算利润时需少扣除 1.50 万元的制造费用，进一步体现为少扣除 1.50 万元成本，从而使利润总额增加 1.50 万元，即变为 89.74 万元（88.24+1.50），此时企业所得税应纳税额为 22.435 万元（89.74×25%），比正常计提折旧时多缴纳 0.375 万元（22.435−22.06）。

从未来 6 年需缴纳的总企业所得税来看，正常计提折旧时为 22.06×6=132.36（万元）；缩短折旧年限计提折旧时为 21.31×2+22.435×4=132.36（元）。

从上述案例计算结果可知，缩短折旧年限并没有使应该计缴的企业所得税总额减少，只是将需要缴纳的企业所得税延后计缴。为什么说这种方法是可以呢？因为货币存在时间价值，今天的钱比后天的钱更值钱，也就是说，延后缴纳企业所得税税款实际上是使公司赚取了延后缴纳期间的时间价值，也是一种税筹的表现。

9.2.4　最大限度地利用各种费用的扣除标准

这里的各种费用主要是指职工福利费、工会经费、职工教育经费、社会保险费、公益性捐赠、业务招待费、广告费和业务宣传费等。实务中，这些费用的扣除是造成税会差异的主要因素。

在会计方面，这些费用是可以据实扣除以计算当期利润的；但在税法上，这些费用只能在规定标准内进行扣除，超过标准的不予扣除，或者只能结转到以后年度进行扣除。当可以据实扣除的费用，在计算企业所得税时只能按标准扣除时，就会使扣除的费用减少，从而使当期利润增加，应缴纳的企业所得税也就会随之增加。

所以，最大限度地利用这些费用的扣除标准，就能尽可能多地在税前扣除这些费用，从而减少当期利润，少缴纳企业所得税。下面也通过一个案例来学习该方法税筹的原理。

实务案例 最大限度运用费用扣除标准

20×3 年 4 月，某公司实现利润总额为 21.46 万元。已知当月发生工资薪金总额为 18.50 万元，拨缴的工会经费有 3 500.00 元。暂不考虑其他纳税调整事项。

当月企业所得税应纳税额 =214 600.00×25%=53 650.00（元）

工资薪金总额 ×2%=185 000.00×2%=3 700.00（元）＞ 3 500.00 元，当月工会经费没有超过扣除标准（即工资薪金总额的 2%），所以不需要进行纳税调整，当月应缴纳的企业所得税就是 53 650.00 元，净利润为 160 950.00元（214 600.00-53 650.00）。

如果当月拨缴的工会经费为 3 700.00 元，即等于扣除标准（工资薪金总额的 2%），则会计上需要多扣除 200.00 元（3 700.00-3 500.00）的费用，从而使利润总额减少 200.00 元，即为 21.44 万元（21.46-0.02），企业所得税应纳税额为 53 600.00 元（214 400.00×25%），由于此时工会经费没有超过扣除标准，因此不需要进行纳税调整，企业所得税应纳税额就是 53 600.00元，比工会经费为 3 500.00 元时少缴纳 50.00 元（53 650.00-53 600.00）；净利润为 160 800.00 元（214 400.00-53 600.00），少了 150.00 元（160 950.00-160 800.00）。

如果当月拨缴的工会经费为 4 000.00 元，超过扣除标准，则会计上据实扣除就需要多扣除 500.00 元（4 000.00-3 500.00）的费用，从而使利润总额减少 500.00 元，即为 21.41 万元（21.46-0.05）。但因为税法上只能扣除 3 700.00 元，因此会计上多扣除的 300.00 元（4 000.00-3 700.00）要进行纳税调整，将其加回到应纳税所得额中，即为 214 400.00 元（214 100.00+300.00），企业所得税应纳税额为 53 600.00 元（214 400.00×25%），此时净利润为 160 500.00 元（214 100.00-53 600.00），比工会经费为 3 500.00元时少缴纳 50.00 元，与工会经费为 3 700.00 元时所需缴纳的企业所得税相等。然而，净利润会随着工会经费的增加而逐渐减少。

也就是说，当工会经费刚好等于扣除标准时，既可以使企业净利润不至于太低，也能使企业所得税应纳税额最低。

为什么案例中工会经费为 3 700.00 元和 4 000.00 元时需要缴纳的企业所得税是相等的呢？因为税法上该公司允许扣除的工会经费上限为 3 700.00 元，超过 3 700.00 元也按 3 700.00 元扣除，因此，工会经费超过 3 700.00 元时，会计上多扣除的工会经费需要加回应纳税所得额中，使得企业所得税的应纳税所得额总是为 21.44 万元，企业所得税应纳税额也总是为 53 600.00 元。换句话说，一旦工会经费超过税法上的扣除标准，企业所得税应纳税额会维持扣除标准时的应纳税额一直不变，但净利润却会随着工会经费的增加而减少。

所以，工会经费并不是越多越好，只有充分利用扣除标准，将工会经费控制在扣除标准以内，才能使净利润不至于太低。其他各种费用的税筹原理与此相似。

9.3 其他税种利用税收优惠政策税务筹划

增值税和企业所得税是我国现行 18 种税种中比较大的两个税种，所以税务筹划空间较大。而其他一些税种虽然涉及的税费可能不会太多，但依然有税务筹划的方法可以使用，以全面减轻企业的税负。

9.3.1 占用土地的税收优惠

在本书第 8 章 8.3.2 节中介绍了与占用土地有关的两种税：城镇土地使用税和耕地占用税，也提及了为了避免重复征税而进行的特别规定，即纳税人新征用耕地的，自批准征用之日起满一年才开始缴纳城镇土地使用税，这样规定就避免了重复征税，也相应地减少了纳税人应缴纳的税款数额。

除此以外，关于城镇土地使用税和耕地占用税，还有一些比较实用的税收优惠政策，见表9-1。

表9-1　相关税收优惠政策

税　　种	税收优惠政策
城镇土地使用税	1. 下列用地免征城镇土地使用税： ①由国家财政部门拨付事业经费的单位自用的土地 ②市政街道、广场、绿化地带等公共用地 ③直接用于农、林、牧、渔业的生产用地 ④经批准开山填海整治的土地和改造的废弃土地，从使用的月份起免缴城镇土地使用税5～10年 ⑤由财政部另行规定免税的能源、交通、水利设施用地和其他用地 2. 税收优惠的其他特殊规定： ①免税单位无偿使用纳税单位的土地，免征城镇土地使用税 ②对于各类危险品仓库、厂房所需的防火、防爆、防毒等安全防范用地，可由各省、自治区、直辖市税务局确定暂免征收城镇土地使用税 ③企业搬迁后原厂地不使用和企业范围内荒山等尚未使用的土地，免征城镇土地使用税 ④矿山企业用地形成的采矿场、排土场、尾矿库和炸药库的安全区，以及运矿运盐公路、尾矿运输管道和回水系统用地等，免征城镇土地使用税等
耕地占用税	1. 下列用地免征耕地占用税： ①学校、幼儿园、养老院、医院占用应税土地免征耕地占用税 ②农村烈士家属、残疾军人以及生活困难的农村居民，在规定用地标准内新建住宅缴纳耕地占用税确有困难的，可免征或减征耕地占用税，具体办法由省、自治区、直辖市人民代表大会或其常务委员会规定 2. 下列项目占用耕地，可减按2元/平方米的税额标准征收： ①减税的铁路线路，范围限于铁路路基、桥梁、涵洞、隧道及其按照规定两侧留地 ②减税的公路线路，范围限于经批准建设的国道、省道、县道、乡道和属于农村公路的村道的主体工程及两侧边沟或截水沟 ③减税的飞机场跑道、停机坪，范围限于经批准建设的民用机场专门用于民用航空器起降、滑行、停放的场所等 3. 农村居民在规定标准内占用耕地新建自用住宅，按照当地适用税额减半征收耕地占用税

也就是说，企业在合法、合理的情况下，可选择符合上述规定的耕地开展经营活动，能在一定程度上税务筹划。

9.3.2 选择恰当的合同签订方法来进行税务筹划

在本书第 8 章的 8.3.5 节中介绍了签订合同需要缴纳的印花税，实际经营过程中，合同的签订方法会明显影响印花税的缴纳。下面通过一个案例来分析了解。

实务案例 合理规划合同签订方式减少印花税的缴纳

A 建筑公司与 B 公司签订了一份建设工程合同，合同上注明工程总包金额为 1 500.00 万元。施工期间，A 建筑公司又将该总包合同中的 600.00 万元的安装工程分包给 C 建筑公司，并签订了分包合同。已知建筑安装工程承包合同适用的印花税税率为 0.3‰，求 A、B、C 公司分别需要缴纳的印花税，以及三家公司总共需要缴纳的印花税。

A 公司与 B 公司签订了工程款为 1 500.00 万元的合同，还与 C 公司签订了 600.00 万元的安装工程分包合同，所以：

A 公司需要缴纳的印花税 =（1 500.00+600.00）×0.3‰ =0.63（万元）

B 公司需要缴纳的印花税 =1 500.00×0.3‰ =0.45（万元）

C 公司需要缴纳的印花税 =600.00×0.3‰ =0.18（万元）

A、B、C 三家公司总共需要缴纳印花税 =0.63+0.45+0.18=1.26（万元）

如果由 B 公司分别与 A 建筑公司签订价值 900.00 万元的建筑工程合同，与 C 建筑公司签订价值 600.00 万元的安装工程合同，那么：

A 公司需要缴纳的印花税 =900.00×0.3‰ =0.27（万元）

B 公司需要缴纳的印花税 =（900.00+600.00）×0.3‰ =0.45（万元）

C 公司需要缴纳的印花税 =600.00×0.3‰ =0.18（万元）

A、B、C 三家公司总共需要缴纳印花税 =0.27+0.45+0.18=0.90（万元）

由案例计算结果可知，采用第二种方法签订合同时，A 公司会少缴纳印花税 0.36 万元（0.63-0.27），B 公司和 C 公司在两种合同签订方法下缴纳的印花税税额没有区别，因此造成 A、B、C 三家公司总共缴纳的印花税比第一种签订合同的方法少缴 0.36 万元（1.26-0.90）。

9.3.3　购置享受税收优惠政策的车辆

从本书第 8 章 8.3.4 节的内容可以知道，无论是单位还是个人，只要在中国境内购置了规定车辆的，就需要按税法规定缴纳车辆购置税。但一些特殊的用车情形有税收优惠政策，单位和个人可在合法、合理的情形下，尽可能地使自己的用车行为符合这些税收优惠政策，进而为本企业或自己节省税费。

2022 年 9 月 18 日，财政部、税务总局、工业和信息化部联合发布了《关于延续新能源汽车免征车辆购置税政策的公告》，对购置日期在 2023 年 1 月 1 日至 2023 年 12 月 31 日期间内的新能源汽车，免征车辆购置税。

另外，我国对于设有固定装置的非运输车辆，免征车辆购置税。在 2021 年 3 月 31 日，国家税务总局、工业和信息化部联合发布了《免征车辆购置税的设有固定装置的非运输专用作业车辆目录（第一批）》公告，该公告中的附件《免征车辆购置税的设有固定装置的非运输专用作业车辆目的（第一批）》列示了所有符合免征车辆购置税的车辆品牌及具体产品型号和车辆名称。

这类非运输专用作业车辆覆盖的类型有：清洗车、洒水车、洗扫车、压缩空气泡沫消防车、混凝土泵车、举高喷射消防车、全地面起重机、仪表车、混配车、混砂车、泡沫消防车、水罐消防车、机场消防车、干粉水联用消防车、扫路车、绿化喷洒车、路面养护车、沥青碎石同步封层车、稀浆封层车、纯电动绿化喷洒车、高空作业车、纯电动高空作业车、纯电动清洗车、道路污染清除车、下水道疏通清洗车、医疗车、通信车、测井车、护栏清洗车、清障车、墙面清洗车、纯电动检测车、检测车、纯电动洒水车、纯电动洗扫车、燃料电池洗扫车、电视车、电视半挂车、护栏抢修车、厕所车、电源车、桥梁检测车、道路检测车、排液车、污水处理半挂车、物料粉碎车、大流量排水抢险车、仪器车、防疫消毒洒水车、垃圾桶清洗车、环境监测车、电力工程车等。

知识贴士 通用税务筹划技巧之按时足额缴纳税费

在本书第 8 章的实务答疑中提到过纳税人超过规定时间纳税会被加收滞纳金，如果被税务机关认定为偷税、逃税，还可能被罚款。由此可见，按时足额缴纳税费虽然是纳税人的义务和责任，但确实能在一定程度上为纳税人减少不必要的税费开支，是一种比较直观的税务筹划手法。

实务答疑

问： 各种费用在企业所得税前扣除的标准一样吗？

答： 在本章前述内容中讲解最大限度地利用各种费用的扣除标准时已经介绍过工会经费的扣除标准，除此以外，职工福利费、职工教育经费、社会保险费、公益性捐赠、业务招待费、广告费和业务宣传费等的扣除标准都是不同的。

企业发生的职工福利费支出，不超过工资薪金总额 14% 的部分，准予扣除；发生的职工教育经费支出，不超过工资薪金总额 8% 的部分，准予在计算企业所得税应纳税所得额时扣除，超过部分准予在以后纳税年度结转扣除；按照国务院有关主管部门或省级人民政府规定的范围和标准为职工缴纳的社保费用准予据实扣除，但为职工支付的补充养老保险费和补充医疗保险费，分别在不超过职工工资总额 5% 的标准内扣除，超过部分不予扣除。

企业通过公益性社会组织或县级（含县级）以上人民政府及其组成部门和直属机构

用于慈善活动、公益事业的捐赠支出，在年度利润总额 12% 以内的部分准予扣除，超过年度利润总额 12% 的部分准予结转以后 3 年内扣除；企业发生的与生产经营活动有关的业务招待费支出按照发生额的 60% 扣除，但最高不得超过当年销售（营业）收入的 5‰，在筹建期间发生的业务招待费支出可按实际发生额的 60% 计入企业筹办费，并在税前扣除；发生的符合条件的广告费和业务宣传费支出，除国务院财政、税务主管部门另有规定外，不超过当年销售（营业）收入 15% 的部分准予扣除，超过部分准予在以后纳税年度结转扣除，但在筹建期间发生的广告费和业务宣传费可按实际发生额计入企业筹办费，在税前扣除。注意，烟草企业的烟草广告费和业务宣传费支出一律不得在计算企业所得税应纳税所得额时扣除。